W0177793

Katharina Mahrenholtz
Supermom

Katharina Mahrenholtz ✳ Dawn Parisi

Supermom

zwischen Kind und Karriere

sanssouci

Die Informationen und Ratschläge in diesem Buch wurden von der Autorin und dem Verlag mit größter Sorgfalt erarbeitet und geprüft. Eine Garantie (z. B. für flexible Arbeitszeiten oder wohlgelaunte Kinder) kann jedoch nicht übernommen werden. Eine Haftung der Verfasserin bzw. des Verlags und seiner Beauftragten für Personen-, Sach- und Vermögensschäden ist ausgeschlossen.

Unser gesamtes lieferbares Programm und viele andere Informationen finden Sie unter www.sanssouci-verlag.de und www.kompetent-im-trend.de.

1 2 3 4 5 12 11 10 09 08

ISBN 978-3-8363-0123-7

Einbandgestaltung und –illustration: Dawn Parisi, Paris
Satz: Dawn Parisi, Paris
Druck und Bindung: Kösel, Krugzell
Printed in Germany

Inhalt

INHALT

00 VORWORT

VORWORT

Da hat man etwas wirklich Großes vollbracht. Ein Kind. Und – PLING – ist das Leben ein anderes: wenig Schlaf, viel Action, wenig Ahnung, viel Trial-and-Error, wenig Ruhe, viel Geschrei – und diese Verantwortung! Man hat keine Vorstellung, wie das zu schaffen ist.

Nach etwa einem Jahr ist man zwar immer noch ziemlich groggy, aber irgendwie auch ganz schön stolz, weil man es eben doch schafft. Jetzt kann die nächste Stufe des modernen Heldentums kommen: wieder arbeiten. Das Kind anderen anvertrauen. Letzteres scheint erst mal die größere Schwierigkeit zu sein – auf den Job freut man sich. Endlich kann man wieder Dinge tun, von denen man wirklich, also wirklich-wirklich etwas versteht.

Tatsächlich stellen sich mit der Lebensform »Teilzeit« so einige Herausforderungen, von denen man in seinem früheren Leben nichts geahnt hat. Damals hat man noch verwundert den Kopf geschüttelt, wenn andere Mütter im Job mit Ringen unter den Augen von Magen-Darm-Viren, Betreuungs-Misere und Keine-Zeit-für-gar-nichts geredet haben. Kinder und Beruf vereinbaren – was soll daran schon so schwer sein, hat man leicht ungeduldig gedacht, das machen doch schließlich Millionen andere auch.

Stimmt, aber wird es dadurch leichter? Nein, aber jetzt weiß man endlich, was arbeitende Mütter so leisten. Und ist von nun an mit ihnen auf der Suche nach dem Idealzustand in dem man genau richtig viel Mutter, Frau und Business-Woman ist.

EINSTIEGSTEST

Superwoman wäre man ja sowieso gern als Frau – zumindest im Geheimen. Nach der Geburt des ersten Kindes spitzt sich die Lage zu: Nun möchte man am liebsten Superwoman und Supermom in Personalunion sein – was in den seltensten Fällen gelingt. Entweder leidet die eine oder die andere Wunschvorstellung; meistens beide. Fürsorglich soll man sein, aber bloß nicht zu mütterlich, interessant bleiben, aber nicht zu viel arbeiten, gut aussehen, aber mit den Kindern durch die Pfützen springen, gut organisiert sein, aber bitte nicht spießig – der Anforderungskatalog scheint unendlich zu sein. Aber welcher Muttertyp sind Sie eigentlich? Machen Sie unseren kleinen Test:

01. Das Angebot eines neuen Fitnessstudios liegt im Briefkasten: ein Schnupperkurs für Pilates! Interessiert?

a) Eigentlich schon, aber ich gehe schon zum Yogalates, Complete Body Workout und zum Stretch & Relax.
b) Sport wäre super, aber wann soll ich das machen?
c) Pilates? Lieber gehe ich mit meiner Maus zum PEKiP!

a ☐ b ☐ c ☐

02. Ihr Sohn wird drei. Was planen Sie?

a) Ich engagiere eine Birthday-Planerin.
b) Nichts Großes. Vielleicht laden wir seinen besten Freund und die Patentante ein.
c) Da kommt natürlich unsere alte Krabbelgruppe, fünf Kinder und die Muttis. Und abends noch Oma und Opa.

a ☐ b ☐ c ☐

03. Ihre vierjährige Tochter möchte unbedingt, dass die Freundin bei ihr übernachtet. Wie reagieren Sie?

a) Kann sie mal am Wochenende machen. Unser Au-pair stammt aus einer Großfamilie, die hat da ein Händchen für.
b) Mir graut davor, aber ich kann es ja nicht immer verbieten, oder?

a ☐ b ☐ c ☐

c) Eine tolle Erfahrung für die beiden! Das machen wir gleich heute und morgen früh bringe ich die Mädchen zusammen in den Kindergarten!

a ☐ b ☐ c ☐

04. Ihr Mann möchte mit Ihnen übers Wochenende einen Städtetrip machen. Haben Sie Lust?
a) Natürlich. Und deshalb machen wir so was auch regelmäßig. Man muss schließlich auch als Paar was erleben!
b) Lust schon, aber wohin mit dem Kind?
c) Ach, nein. Da fahren wir lieber mit unserem Kleinen übers Wochenende zu Oma.

a ☐ b ☐ c ☐

05. Im Freundeskreis entbrennt eine Diskussion über Biokost. Für Sie eine Herzensangelegenheit?
a) Unser Kind isst in der Krippe – da gibt es nur Bio.
b) Ich bin froh, wenn ich das Mittagessen überhaupt pünktlich fertig habe.
c) Auf jeden Fall. Ich kaufe nur Bio-Lebensmittel.

a ☐ b ☐ c ☐

06. Ihre Tochter braucht ein Königinnen-Kostüm für die Märchenaufführung. Bis übermorgen. Was tun Sie?
a) Sie bestellen eins per Internet und Overnight-Express.
b) Sie improvisieren mit Omas Gardine, etwas Kordel und einem Krönchen von H&M.
c) Sie setzen sich zwei Abende an die Nähmaschine und schneidern ein Traumkostüm.

a ☐ b ☐ c ☐

07. Eine wichtige Konferenz wurde für 16:30 Uhr anberaumt. Ein Grund zur Panik?
a) Wieso? Da ist mein Kind im Kindergarten. Wenn es länger dauert, kümmert sich das Au-pair um die Abholung.
b) Jaaaaa!!! Ich rufe alle Freundinnen, meine Mutter und auch die Schwiegermutter an, bis ich jemanden finde, der die Kinderbetreuung spontan übernehmen kann. Dann hetze ich mit schlechtem Gewissen ins Büro.

c) Für die Elternmeetings in der KiTa kommt immer meine Mutter und kümmert sich um die Kleine.

08. Paul kommt zum Spielen. Seine Mutter bringt ihn und erwartet offenbar, auf einen Kaffee herein gebeten zu werden. Tun Sie ihr den Gefallen?

a ☐ b ☐ c ☐

a) Ich bin gar nicht da. Aber wenn sie mit dem Kindermädchen Kaffee trinken will …
b) Oh nein, ich wollte doch aufräumen und vielleicht das Exposé für morgen vorbereiten, wenn die Kinder mich lassen. Aber ich kann sie ja nicht wegschicken. Oder doch?
c) Selbstverständlich. Kaffee ist schnell gemacht, und Kuchen haben meine Süße und ich am Wochenende zusammen gebacken!

09. Sie treffen sich mit zwei Freundinnen zum Essen. Die beiden unterhalten sich lange über die neuesten Kinofilme. Können Sie mitreden?

a ☐ b ☐ c ☐

a) Klar, wir gehen ja jede Woche zusammen ins Kino.
b) Hm, zuletzt im Kino war ich vor vier Monaten, Filmkritiken lese ich gerne, schaffe aber höchstens eine in zwei Wochen – also schweige ich lieber.
c) Ja, wenn es um pädagogisch wertvolle Filme geht …

10. Eine befreundete Mutter schwärmt vom Frühenglischkurs. Wäre das nicht auch was für Ihren Sohn?

a ☐ b ☐ c ☐

a) Auf jeden Fall. Da könnte er direkt nach dem »Kleine-Naturforscher«-Kurs hingehen und hätte trotzdem noch Zeit für die Klavierstunden.
b) Ich weiß nicht. Wir haben jetzt schon so viele Termine. Ist das denn wirklich nötig?
c) Durchaus. Man weiß ja, dass die Lernfenster gerade im Kindergartenalter weit offen stehen. Deshalb singen wir zu Hause auch immer ganz viele englische Lieder.

AUSWERTUNG

Zählen Sie, was Sie am meisten angekreuzt haben: a, b oder c – das bestimmt Ihren Momtyp.

TYP A
Manager Mom

Mindestens zwei Kinder und jederzeit bereit für weitere. Trotzdem top im Job, regelmäßig im Fitnessstudio und Meisterin im Städte-Kurztrip-buchen. Solche Frauen gibt es. Meistens haben sie viel Geld (u. a. weil sie viel arbeiten) und können sich Personal leisten, das die lästigen Alltagsaufgaben übernimmt: Einkaufen, Kochen, Kinderturnen, Putzen usw. Oder eine Oma nebenan oder einen Superdad als Ehemann, der seine Karriere gerne für wertvolle Papa-Erfahrungen unterbricht. Kinder und Beruf – kein Problem, sagen diese Frauen, zu denen Sie garantiert nicht gehören. Denn sonst hätten Sie dieses Buch nicht gekauft.

TYP B
Working Mom

Hilfe, wo ist mein Leben? Haben Sie sich nach einigen Wochen Babygeschrei, Schlaflosigkeit, Sozialentzug und Nichts-mehr-Planbarkeit gefragt. Das Kind würden Sie natürlich nie mehr hergeben, aber das alte Leben, also zumindest einen Teil davon, hätten Sie schon gerne zurück. Teilzeitarbeit ist Ihr Modell. Halb

Mutter-, halb Arbeitstier, das scheint perfekt. Aber bald wird klar, dass diese Zweiteilung zwar durch geistigen Input das Breikoma beendet, aber eigentlich einen 48-Stunden-Tag voraussetzt. Dummerweise haben die Tage aber eher weniger Stunden als vorher, weil Sie um 21 Uhr ermattet auf dem Sofa einschlafen. Neben Wäschestapeln, zwischen Bauklötzen und auf einer unendlich langen To-do-Liste. Ganz ehrlich: Viel ändern wird sich daran nicht, bevor das Kind einen Führerschein hat. Aber einige Dinge lassen sich optimieren – dieses Buch hilft!

TYP C
Just Mom

Muttersein ist Ihr Ding. Sonst brauchen Sie eigentlich nichts. Sie wollen ganz und gar für Ihr Kind da sein. Stundenlange Spielplatzbesuche, 17mal dasselbe Buch vorlesen, Luftballons mit Pappmaché bekleben, Elternnachmittage im Kindergarten – das geht Ihnen locker von der Hand. Sie langweilen sich nicht dabei, und es stresst Sie auch nicht. Bewundernswert. Trotzdem denken Sie langsam darüber nach, wieder in Ihrem Beruf zu arbeiten. Oder mal etwas »Kinderfreies« zu unternehmen. (Was übrigens nicht nur Ihnen guttut, sondern auch dem Kind. Von wegen neue Impulse und so.) Und dann werden vielleicht auch Sie rotieren und eine kleine Orga-Hilfe gut gebrauchen können.

01 ZWISCHEN KIND UND JOB

01 ZWISCHEN KIND UND JOB

Altes Leben

Arbeit, Arbeit, Arbeit, Feierabend, Freizeit, Wochenende. Alles in allem ein schönes Leben. Die Arbeit macht Spaß und sorgt für Erfolgserlebnisse. Man hat Hobbys und Freunde und einen Mann, mit dem man am Wochenende ans Meer fährt und den ganzen Tag im Bett bleibt. Aber etwas fehlt. Und deshalb wird das Projekt »Familie« gestartet. Es klappt, jippie! Neun Monate warten – und jetzt ist es da, das süße kleine Baby.

Vision

Erst mal Elternzeit und Kind genießen. Lange Spaziergänge mit dem Kinderwagen, Latte macchiato in der Sonne, süße Babysachen shoppen – und am Wochenende Familienausflüge. Dann der Wiedereinstieg in den Job, Teilzeit. Ein paar Stunden Büro, ein paar Stunden Kind. Von jedem etwas – kann das Leben perfekter sein?

Neues Leben

Erkenntnis Nr. 1: Elternzeit ist stressiger als je vermutet. Kind schläft nicht, Sonne scheint nicht, Ausflüge gleichen Expeditionen, alles wird unplanbar – ein schwieriger Zustand für Frauen, die im Job alles im Griff hatten. Umso sehnlicher wünscht man sich zumindest stundenweise ins Büro zurück.

Erkenntnis Nr. 2: Teilzeit arbeiten will gelernt sein. Kinderbetreuung organisieren, Arbeitszeiten optimieren, Termine absolvieren – und nebenbei den Haushalt managen. Das Projekt ist auf etwa 50 % Job, 50 % Kind angelegt, aber das reicht für beide Teile nicht. Man möchte jeweils mindestens 70 % geben, und auch noch was übrig haben für Eigenes. So bleiben jeden Tag unerledigte Dinge und ein Gefühl von Nicht-Genügen in allen Bereichen. Ach, und das Leben als Paar, was war das noch mal?

Willkommen auf dem neuen Planeten

Ach, was war das Leben früher überschaubar und sorglos: Man trifft Freunde, geht ins Kino, auf Partys, ins Museum, Schwimmbad, Café oder haut sich einfach mit einem guten Buch aufs Sofa. Natürlich gibt es mal Probleme: Ärger mit dem Chef, kaputter Staubsauger, Liebeskummer oder langweilige Fernsehprogramme – aber im Großen und Ganzen läuft es reibungslos. Über das Leben mit Kindern hat man eher diffuse Vorstellungen. Man wird es jedenfalls viel cooler machen als die anderen, irgendwann geht das Kind in den Kindergarten, man geht halbtags arbeiten – und dann soll das Leben im Prinzip so sein wie vorher, nur besser: Endlich kann man auch mal lustige Geschichten von den lieben Kleinen erzählen, und das Babyfoto auf den Schreibtisch stellen, zu Hause warten weiche Wangen und grenzenlose Liebe, im Sommer darf man sich auf dem Spielplatz sonnen, anstatt im Büro zu schwitzen – super! Oder? Schon nach der Geburt des Kindes dämmert es den meisten Frauen, dass sie in einer Parallelwelt gelandet sind. Es gibt keine Ruhezonen mehr, keine Privatsphäre, keine Extrawünsche. Theoretisch hat man den ganzen Tag Zeit, praktisch hat man überhaupt keine Zeit mehr. Denn so ein Kind füllt die letzten Zeitreserven bis in die hinterste Ecke aus – mit lautstarken Forderungen nach Essen und Zuwendung, nach Beschäftigung und Aufpassen und ganz intensivem Da-Sein. Mal kurz dies oder jenes machen? Geht nicht.

Mann: Na, ihr zwei, habt ihr es euch heute schön gemütlich gemacht?
Supermom: Grrrr.
Mann: Was denn?
Supermom: Fünfmal stillen, sechsmal wickeln, zwei Stunden singen, ansonsten tragen, schaukeln, wippen, anziehen, ausziehen, umziehen. Nicht einkaufen, nicht essen, nicht duschen. Noch Fragen?

MODELL TEILZEIT

Wieder arbeiten zu gehen bedeutet für viele Frauen erst mal eine Erleichterung. Zumindest für ein paar Stunden am Tag tut man wieder Dinge, die man wirklich beherrscht und für die man Anerkennung bekommt. Und nachmittags kann man Zeit mit dem Kind verbringen. Herrlich!

01 ZWISCHEN KIND UND JOB

Aber das Leben wird dadurch nicht unstressiger. Wenn Sie sich entscheiden, Teilzeit zu arbeiten, haben Sie ab sofort zwei Jobs: Der eine dauert vier bis sechs Stunden pro Tag, je nach Modell; der andere achtzehn bis zwanzig. Der eine geht (mit Höhen und Tiefen) leicht von der Hand und wird für Sie von nun an der entspannende Teil des Tages sein. Der andere hat Herausforderungen auf Lager, mit denen Sie nie gerechnet hätten. Ganz ehrlich: Wenn Sie die Stellenausschreibung (siehe Abb.) vorher gesehen hätten, hätten Sie sich wirklich beworben?

Gehen wir mal davon aus, dass Sie sich bewusst für Ihr Teilzeitmodell entschieden haben – weil der Mann mit seiner Arbeit mehr Geld verdient und/oder weil Sie es sich nicht nehmen lassen wollen, an der Entwicklung Ihres Kindes möglichst viel teilzuhaben. Dann werden Sie viel Freude an Ihren beiden Jobs haben: Sie haben geistige Herausforderungen und Bestätigung im Büro, dazu »kinderfreie« soziale Kontakte, die Sie in Ihrer Elternzeit so vermisst haben. Außerdem erleben Sie viel mit Ihrem Kind und schaffen sich gemeinsame Erinnerungen an ganz alltägliche Dinge. Aber das weiß man nicht immer zu schätzen: Oft ist es gerade der Mutter-Job, der einen frustriert, weil er langweiliger und/oder anstrengender ist als die Büroarbeit.
Manchmal hilft eine professionelle Sicht der Dinge. Es ist ein Job, also: Contenance bewahren, das Programm durchziehen, an Nachhaltigkeit denken. Das Projekt »kleines Kind« verlangt viele Überstunden, aber Kinder werden größer, das Leben wird auch wieder einfacher. Das Beste und Unglaublichste an diesem Projekt ist, dass so ein Kind mit einem Kichern, einem Satz oder einer besonders herzallerliebsten Umarmung die schlaflose Nacht oder den schrecklichen Wutanfall in etwa zehn Sekunden vergessen macht! Über Probleme im Job dagegen kann man sich manchmal noch Tage später aufregen.

SUPERMOM AG

Stellenausschreibung als Supermom

Ihre Aufgaben:

- Verwaltung und Organisation sämtlicher Familientermine
- Eigenständige Weiterentwicklung der Arbeitsabläufe in den Unterbereichen Haushalt und Kinderversorgung
- Personalverantwortung für minderjährige Kollegen
- Verhandlungsgeschick
- Spontane Einsatzfähigkeit zu jeder Tages- und Nachtzeit
- Sicherer Umgang mit schwierigen Situationen und problematischen Mitarbeitern

Ihr Profil:

- Sie bleiben auch unter Schlafentzug stets gelassen und gut gelaunt
- Sie absolvieren den Tagesablauf mit Konsequenz und Kontinuität
- Sie reagieren flexibel auf ständige Forderungen
- Sie verfügen über hohe Einsatzbereitschaft und ausgezeichnete Teamfähigkeit
- Zu Ihren persönlichen Stärken zählen außerdem souveränes Auftreten, Belastbarkeit und Stresssicherheit

Ihre Bewerbung inklusive Arbeitsproben (selbstgebackener Kuchen, Kastanienpferd, Ritterkostüm, Untersetzer aus Wäscheklammern) richten Sie bitte an T.Y. Rann, Supermom AG, 1001 Musterland.
Wir bieten Ihnen gute Aufstiegsmöglichkeiten (2. Kind, 3. Kind usw.) und einen inflationssicheren Nulllohn.

01 ZWISCHEN KIND UND JOB

Ihr Mantra für Krisenzeiten: Es ist das beste und süßeste Kind der Welt, dass mich hier gerade tierisch nervt. Heute Abend, wenn es schläft, werde ich für jede Minute dankbar sein, die wir zusammen hatten. Und dass ich mich für den Job abhetze, wird es mir auch irgendwann danken. Wann? Äh, so in zehn bis fünfzehn Jahren, wenn es weiß, dass Arbeit Eigenständigkeit bedeutet und finanzielle Unabhängigkeit und ein Beruf einfach wichtig sind.

KINDERBETREUUNG

Wer ist gut genug für mein Kind?

Warum schreit es? Wie oft muss es gewickelt werden? Wann darf es Brei essen? Und welchen? In den ersten Monaten haben Mütter oft das Gefühl, in einem fremden Leben gelandet zu sein, wo sie plötzlich nichts mehr im Griff haben und ständig überfordert sind. Irgendwann gibt sich das; man kennt sein Kind und weiß, was es will und braucht – meistens wenigstens. Man hat also diese Riesenherausforderung »neuer Mensch in meinem Leben« weitgehend gemeistert. Und jetzt soll man es »weggeben«? Diese Vorstellung ist für die meisten Mütter schrecklich, obwohl sie wahnsinnig gerne wieder arbeiten wollen. Dann zerrt es mal wieder im Gewissen: Wie lange kann das Kind von anderen betreut werden und vor allem wie und wo?

Diese Entscheidung wird immer schwerfallen, und man kommt nicht drum herum, die Angebote in der Nähe genau zu prüfen. Das heißt: alle Bekannten mit kleinen Kindern nach ihren Erfahrungen ausquetschen, Tagesmütter auf dem Spielplatz beobachten, Krippen anrufen, angucken und für gut oder schlecht befinden. Fangen Sie mit solchen Erkundungen am besten so früh wie möglich an, dann wird sich umso eher herauskristallisieren, welche Möglichkeit für Sie und Ihr Kind die richtige ist.

Kindertagesstätte: Erst ab 2013 haben Kinder unter drei Jahren einen Anspruch auf einen Krippenplatz. Aber wer rechtzeitig sucht, findet meist eine geeignete Krippe. Überlegen Sie vor Ihrer Besichtigungstour, was Ihnen wichtig ist. Anregungen finden Sie auf S. 25.
Die Kosten sind abhängig von Einkommen, Betreuungsumfang und Wohnort. Für einen 6-Stunden-Platz bezahlt man (wenn ein Elternteil Vollzeit und eines Teilzeit arbeitet) zwischen 300 und 500 Euro.
Vorteile: Wenig Schließungstage, und wenn eine Erzieherin krank wird, gibt es Vertretung. Das Kind lernt, sich (ohne Mama) in einer Gruppe zu behaupten, und knüpft erste soziale Kontakte. Und es gibt meist umfangreiche pädagogische Angebote.
Nachteil: Oft sind wenige Erzieherinnen für viele Kinder zuständig, große Kindertagesstätten wirken zudem anonym.

Tagesmutter: Kann eine geniale Alternative zur Krippe sein – wenn man eine gute Tagesmutter findet. Hilfe bei der Vermittlung gibt es z. B. vom Jugendamt.
Die Kosten betragen zwischen drei und sieben Euro pro Stunde; unter Umständen beteiligen sich die Kommunen. (Auch hier lohnt sich eine Nachfrage beim Jugendamt.)
Sehr umfangreiche Informationen finden Sie unter www.handbuch-kindertagespflege.de. Hier hat das Bundesministerium für Familie wirklich alles zusammengestellt, was man zum Thema »Tagesmütter« wissen muss.
Vorteile: Wenig Kinder in familiärer Atmosphäre, Spielkameraden fürs eigene Kind.
Nachteile: »Die Richtige« zu finden gestaltet sich oft höchst schwierig. Eine Tagesmutter hat häufiger Urlaub als der Kindergarten oder die Krippe, und wenn sie krank wird, haben Sie ein Problem.

Kinderfrau: Gute Lösung für die Kleinen. Die Kosten (etwa sechs bis neun Euro netto) kann man steuerlich geltend machen. Am besten im Bekanntenkreis fragen oder im Kindergarten ein Gesuch aushängen. Auch das Jugendamt kann bei der Vermittlung einer Kinderfrau helfen. Kinderfrauen sind im Prinzip Tagesmütter, die ins Haus kommen; auch hier hilft also die Seite www.handbuch-kindertagespflege.de.
Vorteile: Das Kind bleibt in seiner gewohnten Umgebung und muss sich nur an eine neue Bezugsperson gewöhnen. Eine Kinderfrau kann meistens auch ein krankes Kind betreuen.
Nachteile: Sehr, sehr teuer. Auch Kinderfrauen können krank werden und haben außerdem mehr Urlaubswochen im Jahr als Kindertagesstätten.

Papa: Optimale Lösung für Babys und Kleinkinder. Wenn Mama arbeitet, passt Papa auf und umgekehrt.
Vorteile: Das Kind ist immer bei seiner unmittelbaren Bezugsperson und erlebt beide Eltern ganz intensiv. Kein Stress durch Hinbringen und Abholung, keine Eingewöhnung oder Umstellung. Sie haben die Gewissheit, dass es auch im Krankheitsfall in den besten Händen ist.
Nachteile: Komplizierte Organisation (verlangt viel Entgegenkommen von den Arbeitgebern). Weniger Geld in der Familienkasse, wenn beide Eltern Teilzeit arbeiten.

Bürokratie & Co.

Wo muss man sich anmelden? Wer zahlt was? Werden Tagesmütter bezuschusst, und wenn ja, welche? Was kann ich steuerlich geltend machen und wo? Wie rechne ich das Familieneinkommen aus? HILFE!!! Wo gibt es den Abendkurs zum Thema »Wegweiser durch den Kinderbetreuungsdschungel«?

Vielleicht beruhigt es Sie zu hören, dass es NICHT an Ihrem Intellekt liegt, wenn Sie sich von diesem Projekt überfordert fühlen. In Deutschland ist das immer noch ein bürokratischer Mega-Akt. Hinzu kommt, dass es wenig einheitliche Regeln gibt; einige Punkte variieren von Kommune zu Kommune. Deshalb sollten Sie sich auch zuerst an Ihr zuständiges Jugendamt wenden. Meistens gibt es dort Broschüren zum Thema – oft können Sie diese auch aus dem Internet herunterladen.

Abb. Betreuungsdschungel

Nützliche allgemeine Informationen finden Sie außerdem unter: www.familienhandbuch.de, www.familienwegweiser.de, www.tagesmuetter-verein.de, www.tagesmuetter-bundesverband.de.

CHECKLISTE TAGESMUTTER

Wichtig	Egal	Relevante Punkte bei der Auswahl einer Tagesmutter
☐	☐	Gute Referenzen
☐	☐	Mehrjährige Erfahrung
☐	☐	Pädagogische Ausbildung bzw. Fortbildungen
☐	☐	Ernährungskonzept (Biokost, keine Süßigkeiten, vegetarische Alternativen)
☐	☐	Helle, ansprechende Räumlichkeiten
☐	☐	Ist in der Nähe ein Spielplatz, der bei fast jedem Wetter besucht wird?
☐	☐	Gute Schlafmöglichkeiten für die Mittagspause
☐	☐	Hygiene und Sauberkeit
☐	☐	Gemeinsame Feste oder Rituale
☐	☐	Es wird viel gebastelt/gemalt/gesungen
☐	☐	Haustiere vorhanden?
☐	☐	Lage/Entfernung vom Arbeitsplatz

Antwort	Punkte, die auf jeden Fall geklärt werden müssen
	Kosten pro Stunde bzw. Monatspauschale
	Vertretung für Krankheit bzw. Urlaub (Zeiten erfragen!)?
	Wie ist der Tagesablauf strukturiert?
	Ist es gewährleistet, dass in der Wohnung nicht geraucht und nicht ferngesehen wird?

CHECKLISTE KITA

Relevante Punkte bei der Auswahl einer KiTa	Wichtig	Egal
Betreuungsschlüssel: Anzahl Erzieherinnen, Anzahl Kinder?	☐	☐
Alterszusammensetzung der Kinder in der Gruppe	☐	☐
Pädagogische Konzepte: Bewegung, Basteln nach Jahreszeiten, christliche Erziehung, Multikulti, Montessori, Waldorf, freies Spiel, Frühenglisch, Musik etc.	☐	☐
Ernährungskonzept (Biokost, keine Süßigkeiten, vegetarische Alternativen)	☐	☐
Helle, ansprechende Räumlichkeiten	☐	☐
Spielangebote draußen und drinnen	☐	☐
Rückzugsmöglichkeiten: Kuschelecken und Extraräume für den Mittagsschlaf	☐	☐
Hygiene und Sauberkeit	☐	☐
Gemeinsame Feste oder Rituale	☐	☐
Erzieherinnen können auf persönliche Bedürfnisse der Kinder eingehen und bei der Entwicklung helfen (allein anziehen, auf die Toilette gehen, sprechen üben)	☐	☐
Kontakt zwischen Eltern und Erziehern/regelmäßige Elterngespräche und Elternabende	☐	☐

Punkte, die auf jeden Fall geklärt werden müssen	Antwort
Kosten pro Monat	
Schließungstage: Wann und wie lange?	
Wie ist der Tagesablauf strukturiert?	
Krankheiten: Unter welchen Umständen müssen Kinder abgeholt werden/zu Hause bleiben?	

01 ZWISCHEN KIND UND JOB

WIEDEREINSTIEG IN DEN JOB

Heute erster KiTa-Tag, morgen erster Arbeitstag – dass dieser Plan nicht aufgeht, wissen sicher alle Mütter. Wie lange genau es dauert, bis sich das Kind bei der Tagesmutter oder in der Krippe eingewöhnt hat, kann man nicht vorhersagen. Manche Kinder schicken die Mutter gleich am ersten Tag aus dem Zimmer, andere brauchen Wochen. Und oft verhält sich das Kind eben genauso, wie es die Eltern niemals vermutet hätten. Denken Sie also lieber langfristig, denn wenn Sie nicht sicher sein können, dass sich Ihr Kind in der neuen Umgebung wohlfühlt, werden Sie im Büro jeden Tag wie auf Kohlen sitzen.

Um sich selbst den Wiedereinstieg etwas entspannter zu gestalten, können Sie zunächst mit einer geringeren Stundenzahl anfangen. Wenn es mit der Kinderbetreuung gut klappt und auch SIE sich an die neue Situation gewöhnt haben, stocken Sie die Stunden bis zur gewünschten Anzahl auf. Dieses Modell muss natürlich frühzeitig mit dem Arbeitgeber abgesprochen werden.

Versuchen Sie außerdem, schon während der Elternzeit den Kontakt zu Ihrem Chef und zu den Kollegen zu halten. Bleiben Sie auf dem Laufenden, was aktuelle Entwicklungen angeht (das schließt natürlich den Büroklatsch und -tratsch mit ein!); vielleicht können Sie wichtige Konferenzen besuchen oder sogar schon mal kleine Projekte übernehmen. Das signalisiert Einsatzbereitschaft und hilft Ihnen, nicht völlig im Baby-Alltag zu versinken. Natürlich dürfen Sie Ihre neue persönliche Herausforderung »Kind« auch mal vorstellen – echte Arbeitstermine allerdings sollten Sie besser allein bestreiten. So süß der kleine Liebling ist, außerplanmäßige Schreiereien und/oder plötzliche Geruchsbelästigungen machen sich in den meisten Büros nicht allzu gut. Bestimmt nimmt sich der moderne Papa mal einen halben Tag frei, damit Sie in Ruhe mit Ihrem Chef sprechen können.

Für alle Termine im Jobumfeld sollten Sie die praktischen Babyalltagsklamotten gegen die Garderobe aus Ihrem früheren Leben tauschen. Denn die Kollegen werden die Fleck- und Knitterunempfindlichkeit Ihrer schlammfarbenen Schlabberhosen wahrscheinlich nicht zu schätzen wissen!

DAS MUTTERGEWISSEN RUFT

»Der Chef verlangt Überstunden, aber das Kind wartet in der KiTa. Was soll ich tun?«

Diese Situation wird es regelmäßig geben. Ein überraschender Termin, eine Konferenz dauert länger, ein Projekt muss beendet werden. Das Karriere-Ich will auf keinen Fall sagen: »Geht nicht, ich muss zu meinem Kind.« Das Mutter-Ich kriegt die Krise, wenn es sich vorstellt, dass das Kind sehnsüchtig in der KiTa wartet und wahnsinnig enttäuscht ist, wenn es zwei Stunden später oder vom Babysitter abgeholt wird. Was tun? Diese Frage lässt sich natürlich nicht pauschal beantworten. Wenn solche Situationen nicht zu oft vorkommen, sollten Sie versuchen, das Karriere-Ich zu befriedigen, und überlegen, wie Sie die Überstunden organisieren können, ohne das Kind zu sehr zu belasten. Gut, wenn Sie jemanden haben, der das Kind von der Tagesmutter oder Krippe abholen kann (siehe S. 28). Dann muss es wenigstens nicht einsam im Büro der Kindergartenleitung sitzen, während alle anderen schon abgeholt sind. Vielleicht freut es sich sogar, wenn Oma überraschend vor der Tür steht! Wenn Sie allerdings niemanden finden, der sich um Ihr Kind kümmert, dann dürfen Sie auch ganz selbstbewusst sagen: »Tut mir leid, die KiTa schließt, ich muss jetzt los.« Bieten Sie Ihrem Chef an, die Mehrarbeit am Abend zu erledigen, damit beweisen Sie Einsatzwillen und Professionalität.

Supermom: Und gib dem Kind keine Kekse, höchstens Reiswaffeln oder Dinkelstangen!
Mutter: Dieses pappige Zeug? Das schmeckt doch gar nicht!
Supermom: Trotzdem.

Immer mit Netz arbeiten

Tagesmutter krank? Erzieherinnen auf Betriebsausflug? Überstunden? Geschäftsreise? Auch wenn mit der Kinderbetreuung grundsätzlich alles im Lack ist, sollten Sie sich ein Sicherheitsnetz für außergewöhnliche Situationen zulegen.

Beste Adresse für Betreuungsnotfälle sind natürlich die Großeltern. Wenn Sie in der gleichen Stadt wohnen, können sie immer mal das Kind abholen, wenn Sie es nicht rechtzeitig schaffen oder auch mal einen ganzen Tag übernehmen, wenn die Krippe geschlossen, die Tagesmutter im Urlaub oder das Kind erkältet ist. Die eigene Mutter rangiert meist als Wunschperson Nr. 1 auf Supermoms Liste der Ersatzbetreuer. Aber auch Schwiegermütter sollten hier in die oberen Ränge mit aufgenommen werden, selbst wenn das Verhältnis nicht immer unproblematisch ist. Bedenken Sie, dass beide Omas (und natürlich auch Opas) für Ihr Kind wichtige Bezugspersonen sind – und ihm ist es ganz egal, ob sie komische Hüte tragen, einen Putzfimmel haben oder die falsche Partei wählen. Und – ganz ehrlich – das kann Ihnen doch auch egal sein, oder? Seien Sie also relaxt, und machen Sie nicht zu viele Vorschriften. Beide Großmütter haben ja zumindest ein Kind großgezogen, also werden sie es wohl auch mit dem Enkel hinkriegen. Ein paar Kekse, die falsche Jacke und eine andere Erziehungsmethode werden mit Sicherheit weder schaden noch Ihre Autorität untergraben. Kinder können nämlich sehr gut zwischen Großeltern und Eltern unterscheiden, und Erstere sind ja auch ein bisschen fürs Verwöhnen zuständig!

Wenn die Großeltern nicht greifbar sind oder Sie deren Goodwill nicht überstrapazieren wollen, sollten Sie überlegen, welche anderen Menschen für Notfallpläne in Frage kommen. Vielleicht eine nette Nachbarin oder deren Teenager-Tochter, die Kinder mag und gern ihr Taschengeld aufbessern will (siehe hierzu auch S. 120: »Babysitter«)? Oder man baut sich ein kleines Netzwerk mit anderen Müttern auf – mit der Vereinbarung, dass man sich gegenseitig spontan anrufen und um Hilfe bitten kann. Dazu ist es wichtig, dass die Kinder schon mal allein bei ihren Freunden zu Besuch waren, sonst könnte es Tränen geben. In jedem Fall müssen Sie bedenken, dass es meist ziemlich spontane/kurzfristige Lösungen sind, die Sie parat haben müssen.

Abb. Ersatz-Team

01 Großeltern

02 Andere Mütter

03 Nachbarstochter

ALARMSTUFE ROT: DAS KIND IST KRANK!

Fremdmutter: Äh, John hat doch gestern bei euch gespielt…
Supermom: Ja, wieso?
Fremdmutter: Na ja, ich wollte nur sagen, er hatte schon über Bauchweh geklagt, und jetzt hat er sich die ganze Nacht übergeben. Magen-Darm…
Supermom: Aha. Na, danke.

Manchmal wird man vorbereitet – zum Beispiel durch ein unscheinbares DIN-A4-Blatt an der Pinnwand des Kindergartens: »2 Kinder (Hasengruppe) haben Streptokokken«. Manchmal wird man aber auch ganz unvorbereitet durch ein jammerndes Kind aus dem Schlaf gerissen. Und weiß schon, während man noch das Fieberthermometer sucht, dass am Tag nichts so laufen wird wie geplant. Termine absagen, Verabredungen umlegen, vielleicht zum Kinderarzt fahren, das Kind bei Laune halten – und dann macht man sich auch noch die ganze Zeit Sorgen. Selbst wenn sie irrational sind, selbst wenn es nur Fieber ist – kaum eine Mutter kann sich entspannen, bevor das Kind wieder gesund ist.

Das Kind geht vor

Sobald ein Kind Fieber hat, kann es nicht in die KiTa oder zur Tagesmutter. Auch wenn es »nur« erkältet ist, sich aber sehr schlapp fühlt oder wenn es sich die ganze Nacht übergeben hat, sollte es zu Hause bleiben. Ein Kind braucht Erholung – und außerdem wäre es unfair, den ganzen Kindergarten zu infizieren. Je nach Schwere der Erkrankung sollte Mama oder Papa zu Hause bleiben. Ein richtig krankes Kind wird eine »fremde« Person wahrscheinlich nicht akzeptieren – und es gibt tatsächlich auch Studien, dass Kinder in vertrauten Händen deutlich schneller gesunden. Das kann Ihr Mantra sein, wenn sich das schlechte Gewissen den Kollegen oder dem Vorgesetzten gegenüber meldet, weil man »schon wieder« fehlt.

Was sage ich dem Chef?

Die meisten Arbeitgeber gewähren eine gewisse Anzahl von bezahlten Tagen, damit man sich um sein krankes Kind kümmern kann – das ist aber abhängig vom Arbeitsvertrag. Gesetzlich geregelt ist eine unbezahlte Freistellung von bis zu zehn Tagen pro Elternteil pro Jahr pro Kind (unter 12; bei mehreren Kindern maximal 25 Tage pro Jahr). Wenn Elternteil und Kind gesetzlich versichert sind, zahlt die Krankenkasse einen Teil des Bruttogehalts (70–90 %). Die Frage ist trotzdem, ob man diese bezahlten oder unbezahlten Tage in Anspruch nimmt oder die ganz normalen Urlaubstage »opfert«. Wenn Ihr Kind sehr häufig krank ist, sollten Sie auch mal eigene Urlaubstage abknapsen – als eine Art persönliches Entgegenkommen.

Wie kommt man über die Runden?

Auf jeden Fall sollten Sie versuchen, sich die Pflege mit Ihrem Mann zu teilen – der bekommt ja auch freie Tage. Vielleicht können Sie und Ihr Mann Arbeit für abends mit nach Hause nehmen oder jeweils nur halbe Tage freinehmen. Es gibt auch Omas, die sich ganz heroisch dem Virensturm aussetzen, um das Enkelkind gesundzupflegen … Wenn es dem Kind wieder besser geht, kann sicherlich auch für ein paar Stunden der Babysitter, die Nachbarin oder die Freundin einspringen.

Was tun mit einem quengelnden Kind?

Wenn es keine ernste Erkrankung ist, sondern nur eine hartnäckige Erkältung oder ein leidiger Magen-Darm-Virus, besteht Ihre Hauptaufgabe in Ablenkung, Ablenkung, Ablenkung. Je weniger das Kind wahrnimmt, dass es krank ist, desto besser. Da Sie aber vermutlich weder in den Zoo noch auf den Abenteuerspielplatz ausweichen können, sollten Sie sich das Leben mit ein paar »Back-ups« erleichtern, die in besonders harten Stunden hervorgezaubert werden können: eine neue CD/Kassette mit einem Kinderhörspiel, ein neues Bilderbuch, ausreichend Bastelmaterial, harmlose Süßigkeiten, eine neue DVD …

Die Kinderärzte sind sich einig: Fernsehen sollten Kinder frühestens ab 3 und auch dann möglichst wenig. Aber wenn der arme Hase schnieft und hustet und alle Bilderbücher durchgelesen sind, dann dürfen auch Supermoms mal von der Glotze Gebrauch machen.

01 ZWISCHEN KIND UND JOB

HILFE, ICH HABE …

Partielle Amnesie

Hervorgerufen durch den Zwang, ständig an 1001 Ding denken zu müssen – vom Keks bis zum Notfalloutfit –, setzt bei den meisten Müttern kleiner Kinder mehrmals am Tag ein kompletter Gehirnausfall ein. Sie stocken mitten im Satz und starren hilflos ihr Gegenüber an: »Äh, was wollte ich noch mal gerade saaaagen???« Sie gehen bis zu zehnmal wieder vom Hausflur zurück in die Wohnung, um ein weiteres Kinder-Accessoire zu holen und vergessen trotzdem die absolut wichtigste Sache. Sie können oft nicht sagen, welches Datum ist, und denken trotz fünffacher Umrahmung im Kalender nicht an den Geburtstag der besten Freundin.
Was man tun kann: Klebezettel in der Wohnung verteilen, Reminder im Handy programmieren, Gehirnjogging für Senioren machen. Es wird allerdings nichts helfen.
Was man vermeiden sollte: Zu viele Termine, zu komplizierte Gespräche.

Habituelles »Ich-rede-mit-mir-selbst«-Syndrom

Supermom: »So, jetzt werde ich mal die Waschmaschine …« Mann: »Was hast du gesagt, Schatz?« Supermom: »Gesagt? Ich?« Mütter halten gerne und ausführliche Selbstgespräche, und sie merken es meistens gar nicht. Eine Auswirkung vieler Stunden ohne ernstzunehmenden Gesprächspartner und der Anweisung aller Ratgeber, möglichst viel mit dem Baby zu reden. Schon nach wenigen Wochen können Sie nicht mehr unterscheiden, ob sie mit dem Baby sprechen oder mit sich selbst – und Außenstehende können sich nur wundern.
Was man tun kann: Sie müssen nichts tun. Selbstgespräche schaden nicht, im Gegenteil, sie dienen der Konzentration (s. o.).
Was man vermeiden sollte: Selbstgespräche in Konferenzen, öffentlichen Verkehrsmitteln oder im Kino.

HILFE, ICH HABE …

Symbiotische Panikattacken

Treten erstmals kurz nach der Geburt auf, wenn man kurz einkaufen geht, während der Mann das Baby betreut. Spätestens an der Wursttheke fallen einem spontan etwa hundert Dinge ein, die dem Baby zustoßen könnten. Verhungern, ersticken, vom Wickeltisch fallen. Dass der Vater dabei ist, spielt in dem Moment keine Rolle. Auch in den ersten KiTa-Wochen bekommen Mütter schlimme Panikattacken. Nur im Schneckentempo können sie sich vom KiTa-Gebäude entfernen, und auf dem Weg ins Büro entwickeln sie plötzlich Horrorszenarien, gegen die »Rosemaries Baby« eine Lachnummer ist.
Was man tun kann: Aushalten. Die Zeit arbeitet hier ausnahmsweise mal für Sie. Regelmäßiger Kinderentzug gibt Sicherheit.
Was man vermeiden sollte: Zehnmal am Tag in der KiTa anrufen oder dem Babysitter alle halbe Stunde eine SMS mit nützlichen Tipps schicken.

Nicht-Genugtitis

Ich habe nicht genug gearbeitet. Ich habe nicht genug Zeit mit dem Kind verbracht. Ich habe nicht genug mit dem Mann geredet. Ich habe nicht genug Punkte auf der To-do-Liste abgehakt. Ich habe mich nicht genug um meine Freunde gekümmert. Ich habe … nicht genug … nicht genug … nicht genug …
Was man tun kann: Die Wortkombination »nicht genug« aus Ihrem Gehirn eliminieren, ebenso wie alle Sätze, die mit »Hätte ich nicht vielleicht …« oder »Sollte ich nicht lieber …« beginnen.
Was man vermeiden sollte: Alle Rechenaufgaben à la: Wenn ich morgens eine Stunde eher aufstehe (+ 60 Min.), das Mittagessen ausfallen lasse (+ 30 Min.) und auf Fernsehen verzichte (+ 100 Min.), dann …

01 ZWISCHEN KIND UND JOB

FREMDE UND WIEDERGEFUNDENE WÖRTER

BABYPAUSE
[be:bipaʊzɛ]

Verniedlichungsform von »stressigste-Zeit-im-Leben-einer-Frau-weil-plötzlich-nichts-mehr-funktioniert-und-nichts-mehr-planbar-ist-und-seltsamerweise-alles-anders-läuft-als-im-Samstagabendfilm-und-man-sich-von-morgens-bis-abends-überfordert-fühlt-und-sich-so-sehr-zurück-ins-Büro-wünscht-obwohl-man-dieses-süße-kleine-Baby-über-alles-liebt-und-eigentlich-niemandem-anvertrauen-möchte«

WIEDEREINSTIEG
[vi:deainʃti:k]

Klingt stark nach Resozialisierungsprogramm, dabei geht es nur darum, dass man den gleichen Job, den man für einen längeren Urlaub zugunsten der Menschheitsvermehrung (auch Babypause genannt, s. o.) unterbrochen hat, nun (teilweise) wieder aufnimmt. Sollte eigentlich kein Problem sein, ist es aber meistens doch, weil Betreuungsmöglichkeiten fürs Kind fehlen oder teuer sind oder wenig Vertrauen erwecken. Und weil Frauen, die Kind und Job vereinbaren wollen, immer noch nicht genug unterstützt werden. Vielleicht wäre ein offizielles Resozialisierungsprogramm also gar nicht schlecht.

FREMD-BETREUUNG
[frɛmtbətrɔyʊŋ]

Schlimmes Unwort für die Unterbringung (auch nicht besser) eines Kindes in einer Betreuungseinrichtung (ebenfalls ganz schrecklich). Fremd ist alles, was nicht Mutter oder Vater oder eventuell noch Oma oder Opa ist. Betreuung ist alles, was mit dem Kind gegen Bezahlung gemacht wird. Da möchte man als Mutter gleich losheulen. Das Wort am besten gleich vergessen und durch Namen ersetzen: Kelly (die Tagesmutter), Manuela (die Erzieherin) oder Anna-Maria (die Kinderfrau).

BÜCHER UND MEHR

Fürs Kind
Basic-Bibliothek für kleine Kinder:
Ein Liederbuch (z. B. »Freche Lieder – liebe Lieder / Beltz; dazu gibt es auch eine CD), ein Mausi-Zieh-und-Klappbuch von Lucy Cousins (Sauerländer), ein Duden – Kennst du das? (z. B. »Deine Welt«), ein Wieso? Weshalb? Warum? (gibt es schon ab 2; Ravensburger), ein Wimmelbuch (von Ali Mitgutsch oder Rotraut Susanne Berner) und natürlich Die kleine Raupe Nimmersatt von Eric Carle, am besten die Ausgabe mit dicken Pappseiten (Gerstenberg).

Basic-Audiothek:
Bobo Siebenschläfer von Markus Osterwalder (verschiedene Geschichten mit Geräuschen und Musik; ab etwa 2 ½; Jumbo), Conni von Liana Schneider (Alltagsthemen; ab etwa 3; Karussell). Achtung: Kinderhörkassetten gelten nicht von ungefähr als eine perfide Art der Elternfolter.

Für Supermom
Absolutes Basic-Buch für arbeitende Mütter ist Working Mum von Allison Pearson (Rowohlt). Kate hat einen super Job, zwei Kinder, einen reizenden Mann. Einziges Problem: zu wenig Zeit für all diese Komponenten des Lebens. Extrem lustig, manche Sätze möchte man sich am liebsten übers Bett nageln.
Falls Sie den Film Tage wie dieser noch nicht kennen, machen Sie sich mit dieser DVD einen Abend zum Weglachen: Michelle Pfeiffer als schwer überforderte Mutter erlebt einen Tag, der es in sich hat (realistisch) und wird am Abend mit sexy George Clooney belohnt (unrealistisch). Mütterkatastrophen made in Hollywood sind lustig und enden romantisch.

02 TERMINE, TERMINE

02 TERMINE, TERMINE

Altes Leben

Ohne Kind besteht der Alltag aus Arbeit (tagsüber) und Shopping, Fitnessstudio, Restaurant, Kino, Theater, Sofa (abends). Arzttermine finden meist während der Arbeitszeit statt, Behördengänge werden in der Mittagspause erledigt. Manchmal muss man einen Tag freinehmen, um »Dinge zu erledigen«. Stress? Immer! Ein bisschen neidisch guckt man auf die Mütter mit kleinen Kindern, die ja jeden Tag ewig Zeit haben.

Vision

Teilzeit arbeiten – das ist doch Luxus pur. Da hat man endlich mal nachmittags Zeit und kann es sich so richtig nett machen mit dem Kind. Und wenn man zur Bank muss, zum Amt oder Friseur, dann nimmt man das Kleine einfach mit! Alle werden sagen: »Ach, wie süß!« Ach, das wird wunderbar. Und beim Kinderturnen lernt man mal wieder neue Leute kennen – perfekt!

Neues Leben

Stress! Stress! Stress! Gegen 8 Uhr löst die Nichtauffindbarkeit der Lieblingspuppe eine Lawine der Hektik aus: im Laufschritt zur KiTa, zur Arbeit, zurück. Zum Kinderarzt (pünktlich dank Keks-Bestechung beim Anziehen), zum Kinderturnen (15 Minuten zu spät wegen Wutanfall), zur Post (2 Minuten zu spät, schon geschlossen!), nach Hause (viel zu spät, Kind erschöpft im Buggy eingeschlafen, muss geweckt werden, hat schlechte Laune, Schlafrhythmus adieu). 22 Uhr: Kind schläft (dramatisch zu spät). 22:15 Uhr: Eltern schlafen. Nicht erledigte Dinge: Kein Kommentar.

Termine, Termine

Ja, man hatte sich das irgendwie entspannter vorgestellt. Fröhlich singend zum Kinderturnen, wo man einen Milchkaffee schlürft und mit anderen Müttern plaudert, während man den Kleinen beim Purzelbaum-Üben zuguckt. Dass man schon schweißgebadet ist, bevor man überhaupt ankommt, dass man in der Turnhalle ständig hinter dem Kind herlaufen muss und dass andere Mütter nicht automatisch als beste Freundin taugen – all das hatte man so gar nicht eingeplant. Ebenso wenig wie die Tatsache, dass jede Erledigung mit Kind etwa fünfmal so lange dauert wie allein. Und: Hätte man jemals gedacht, dass das eigene Kind mehrere (!) Wutanfälle pro Tag bekommt, mit Sand schmeißt oder sich weigert, eine Mütze aufzusetzen? Nur einige von vielen Stressfaktoren, die den Alltag mit dem Schätzchenhäschenmäuschen begleiten…

ZEIT IST RELATIV

Expedition oder Spaziergang?

Kleine Rechenaufgabe I: Sie haben einen Arzttermin um 15 Uhr. Für den Weg brauchen Sie 10 Minuten. Wann bereiten Sie Ihren Aufbruch vor?
Antwort: Gar nicht. Sie ziehen um 14:45 Uhr Ihre Jacke an und verlassen das Haus.
Kleine Rechenaufgabe II: Sie haben einen Arzttermin mit dem Kind um 15 Uhr. Für den Weg brauchen Sie eine Viertelstunde. Wann bereiten Sie Ihren Aufbruch vor?
Antwort: spätestens um 14 Uhr.
45 Minuten vorher? In dieser Zeit könnte man eine Expedition vorbereiten! Tja, so etwas Ähnliches tut man auch als Mutter, und zwar mehrmals am Tag. Problem Nr. 1 bei allen Terminen besteht nämlich darin, überhaupt erst mal hinzukommen. Größere Kinder müssen minütlich daran erinnert

Kind: Arm!
Supermom: Geht nicht. Ich trage schon die Tasche und deine Jacke.
Kind: Aarm!
Supermom: Und dein Laufrad?
Kind: Aaaaarm!!!!
Supermom: Na gut.

werden, sich bitte! anzuziehen, kleinere Kinder muss man persönlich in die Klamotten stopfen. Das kann ja nicht so schwierig sein, hat man im alten Leben leichtfertig gedacht. Ha! Der Anziehvorgang erfordert äußerste Konzentration: Die ausgewählten Klamotten müssen warm genug, aber nicht zu warm sein und das Kind soll damit für alle Eventualitäten gewappnet sein (Regen, stechende Sonne, plötzlicher Kälteeinbruch). Persönliche Abneigungen (kratzige Mütze, blöde Sandalen, uncooler Sonnenhut) muss die Mutter kennen oder erahnen, um das Kind erfolgreich zu überlisten. Trotzdem kann es jederzeit zu spontaner Bockigkeit kommen, die den Zeitplan massiv sabotiert.
Ferner hat man nun zu jedem Gang außer Haus etwa eine Million Dinge mitzunehmen: ApfelReiswaffelKeks, Saft, Ersatzkleidung, Windeln, Feuchttücher, Bücher, Spielzeug, Sandsachen, Sonnencreme, Buggy, Laufrad – nur so zum Beispiel. Wenn man dann endlich auf dem Weg ist, kann man nur hoffen, dass das Kind auch wirklich geht und nicht alle zwei Meter stehen bleibt. Oder dass es auch wirklich im Buggy (bzw. Auto- oder Fahrradsitz) sitzen bleibt und nicht nach zwei Metern dringend »raaaauuuuus!« will. Oder dass es auch wirklich mit dem Laufrad oder Fahrrad fährt und nicht nach zwei Metern keine Lust mehr hat, woraufhin man Kind und Laufrad trägt und natürlich noch die Tasche mit den o. a. Utensilien.

Der Countdown läuft

Eigentlich ist es fast ein Ding der Unmöglichkeit, irgendein Ziel auch nur annähernd pünktlich zu erreichen. Immer wenn Sie das geschafft haben, können Sie sich schon mal mindestens zehn Punkte auf der nach oben offenen Supermom-Skala gutschreiben.
Ein bisschen was kann man aber auch tun, um mit den Energiereserven zu haushalten. Stellen Sie sich immer die drei Fragen für Ihren persönlichen Countdown:

... three: Was muss mit? Gewöhnen Sie sich an, möglichst wenig mitzunehmen. Kinder brauchen nichts zu essen, wenn sie mal zwei Stunden unterwegs sind – höchstens etwas zu trinken. Die meisten Mütter schleppen ApfelReiswaffelKeks mit, wo immer sie auch hingehen. Ganz ehrlich: Das ist nicht nötig. Wenn man den Kindern oft genug erklärt, dass es bald Abendessen gibt und sie bis dahin nicht verhungern werden, sparen Sie schon mal große Teile des Gepäcks ein. Nur für unangenehme Termine und lange Anfahrten nehmen Sie ein paar Goodies mit. Reduzieren Sie dann auch die nötigen Dinge. Zum Beispiel reicht es meist, eine Windel und eine Kleinpackung Feuchttücher dabeizuhaben. Beim Turnen braucht ein Kleinkind kein komplettes Sportoutfit, sondern kann das T-Shirt einfach anlassen. Zum Besuch bei Freunden möchten Kinder gerne einen Koffer voll Spielzeug mitnehmen. Stellen Sie die Regel auf, dass ein (kleines) Teil erlaubt ist. Sonst müssen Sie am Ende die unhandliche Parkgarage tragen und riskieren ein großes Drama, wenn der Lieblingsteddy bei Marie vergessen wurde.

... two: Was ist noch zu machen? Abgesehen vom Sachen-Bereitlegen, gibt es immer noch hundert Dinge, die vor dem Verlassen des Hauses unbedingt erledigt werden müssen. Ein wichtiges Telefonat führen, die Lebensmittel in den Kühlschrank stellen, das Kind wickeln bzw. zur Toilette schicken, alle Fenster schließen etc. Sagen Sie Ihrem Kind frühzeitig Bescheid, dass es bald losgeht, und fragen Sie, ob es vorher noch irgendwas Dringendes erledigen will. Dann fängt es nicht im ungünstigsten Moment damit an, den Kaufladen neu zu ordnen. Da »bald« für Kinder eine unbefriedigende und sehr dehnbare Vokabel ist, beginnen Sie schon früh, auf der Uhr zu zeigen, wo der Zeiger jetzt steht, und wo er stehen wird, wenn Sie los wollen. So können sich die Kinder besser auf Ihren Zeitplan einstellen und sind viel kooperativer.

... one: Wie lange brauchen Sie? Gucken Sie immer mal auf die Uhr, um herauszufinden, wie lange genau eigentlich der Anziehvorgang (für Sie und das Kind) dauert. So haben Sie einen Richtwert. Für Termine, zu denen Sie unbedingt pünktlich kommen wollen oder müssen, rechnen Sie noch mindestens zehn Minuten für unvorhergesehene Zwischenfälle dazu (Windel voll, Wutanfall, was vergessen).

... lift off!

KINDERTERMINE, MÜTTERTERMINE

Bei Kindern unter sechs liegt die Terminhoheit noch bei den Eltern. Das heißt, Sie entscheiden, welche Sportkurse u. Ä. Ihr Kind besucht und auch wann es welche Freunde trifft. Mütter mit Kleinkindern verabreden sich eigentlich nur dann mit anderen Müttern, wenn sie auch privat befreundet sind. Eine kritische Zeit ist das Alter zwischen drei und vier. Da machen die Kinder schon klare Ansagen à la »Max will heute zu mir kommen«. Klar ist aber auch, dass Max nicht ohne seine Mami kommen wird. Umgekehrt kann es sein, dass das eigene Kind nicht allein bei Sophie bleiben will und/oder die Mutter von Sophiechen davon ausgeht, dass Sie Ihr Kind nicht einfach an der Haustür abgeben. Manchmal schließt man auf diese Weise tolle neue Freundschaften. Manchmal aber verbringt man so schreckliche Nachmittage bei ungenießbarem Roibuschtee und krampfhaften

Gesprächen über Erziehungsmethoden und Hochbegabungen, während sich die lieben Kleinen im Kinderzimmer ums Spielzeug streiten und alle zehn Minuten heulend auf der Matte stehen. Die gute Nachricht: Es kommen Zeiten, in denen Sie gar nicht wissen, wie die Mutter der aktuell besten Freundinnen heißt. Die schlechte Nachricht: Diese Zeiten kommen erst, wenn das Kind auf die höhere Schule geht. Deshalb müssen Sie selbst aktiv werden. Ermutigen Sie Ihr Kind, allein bei seinen Freunden zu bleiben (ja, das hat auch etwas mit Loslassen zu tun!). Bis es so weit ist, können Sie Verabredungen mit Kindern, deren Mütter Sie nicht mögen ja möglichst vermeiden. Wenn es gar nicht anders geht, treffen Sie sich mit Kind und Nerv-Mutter auf dem Spielplatz oder im Schwimmbad. Da besteht immer noch die Möglichkeit, sich unverbindlich anderen Dingen oder Leuten zuzuwenden.

Außer den Verabredungen mit Freunden gehören noch zig andere Termine zum Alltag. Einige kann man selbst wählen, andere sind unumgänglich. Einige finden wöchentlich statt, andere unregelmäßig und manche zum Glück nur einmal im halben Jahr. Und zu den Kinderterminen kommen natürlich noch Ihre eigenen. Früher hat man die mal eben so eingeschoben. Arzttermine zum Beispiel während der Arbeitszeit, und zum Amt, zur Bank, zur Post ging es in der Mittagspause. Bei Teilzeitjobs gibt es meistens keine Mittagspause – und in die ohnehin reduzierte Arbeitszeit möchte man nicht unbedingt noch einen Arzttermin legen. Auch hier ist mal wieder Organisation gefragt – und ein detaillierter Terminkalender. Denn »mal eben kurz« kann man mit Kind mal eben vergessen. Tragen Sie sich besser alles als Termin ein, denn auch wenn Sie nur ein Päckchen bei der Post abgeben wollen, müssen Sie das Kind anziehen, dorthin befördern und während der Wartezeit in der Schlange bespaßen.

KIND

U 8, Impfung u. Ä.: Diese Termine werden lange im Voraus vereinbart. Versuchen Sie möglichst den ersten Termin morgens zu bekommen, dann müssen Sie nicht stundenlang im Wartezimmer sitzen und zusehen, wie Ihr Kind mit den Bronchitispatienten Bauklötze stapelt.

Schwimmkurs: Ein angenehmer Termin: Mütter können oft parallel schwimmen oder sich eine Auszeit im Liegestuhl gönnen. Rechtzeitig anmelden (für Kinder ab etwa 4); im Winter sind die Kurse meist leerer.

Sport: In den ersten Jahren gibt es eigentlich nur Kinderturnen, wobei fast immer die Anwesenheit der Mutter erforderlich ist. Eher ein spielplatzartiger Parcours in einer Turnhalle. Die meisten Mütter hassen es, aber die Kinder lieben es. Ab etwa vier Jahren kann man dann verschiedene Sportarten testen.*

Abb. Wochenplan

MO	8^{00} U8
DI	15^{00} Kindergeburtstag
MI	14^{30} Bastelnachmittag
DO	
FR	16^{00} Turnen
SA	
SO	11^{00} Schwimmkurs

* Welche Sportarten sich anbieten und welche anderen Kurse sinnvoll sind, lesen Sie auf S. 73.

Kindergeburtstag: Be prepared. Legen Sie einen Vorrat passender Geschenke an. Immer wenn es irgendwo günstige Spiele, Bücher, Bastelsachen gibt: zuschlagen und im Schrank bunkern. Sagen Sie Ihrem Kind erst kurz vorher, was verschenkt wird, sonst plaudert es garantiert. Im Idealfall verschenken Sie etwas, das Ihr Kind bereits hat, damit ersparen Sie sich lautstarke Neiddebatten (»Warum kriegt Marie die Blinker-Barbie und ich nicht?????«).

Bastelnachmittag: Solche Kindergarten-Termine verlangen meist, dass die Mütter etwas »fürs Buffet« mitbringen. Vielleicht lieben Sie es, 30 Marzipanigel zu kneten und mit Kuvertüre zu verzieren, dann ist jetzt Ihre Stunde gekommen. Wenn nicht: Lassen Sie sich nicht unter Druck setzen. Bevorraten Sie sich mit Backmischungen für Rührkuchen, die gelingen auch noch nach einem harten Arbeitstag. M&Ms auf die Glasur – fertig ist der Kinderkuchen.

MUTTER

Sport: Muss nicht unbedingt abends stattfinden. Oft bieten Fitnessstudios eine Kinderbetreuung parallel zum Bauch-Beine-Po-Kurs an und für Kinder ab 4 dann eigene Sportkurse. Wem das zu teuer ist: Die Mitgliedschaft im Sportverein lohnt sich besonders mit Kindern, da diese dann einen sehr ermäßigten Beitrag zahlen.

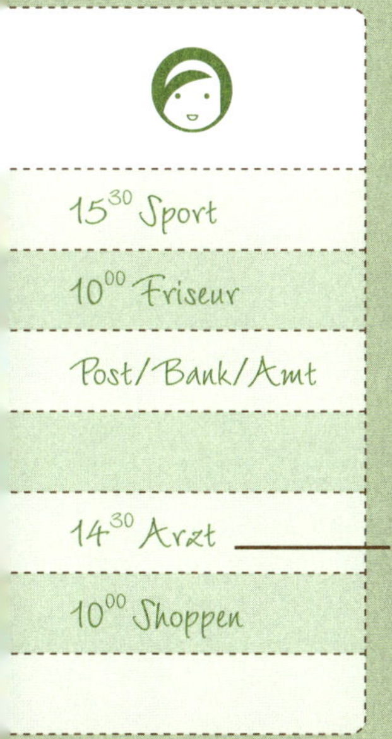

Bedenken Sie, dass Kinder gerne alles hinterfragen und weitererzählen, also wundern Sie sich nicht, wenn Sie später im Bus über Eierstöcke Auskunft geben müssen oder am nächsten Tag auch die Kindergärtnerin über Ihren Fußpilz Bescheid weiß …

Friseur: Dafür müssen Sie auf jeden Fall einen halben freien Tag opfern. Kinder und Friseur gehen gar nicht gut zusammen, es sei denn, Sie haben eine extrem schlichte Kurzhaarfrisur oder ein extrem entspanntes Kind, das über Stunden zufrieden in einem Buch blättert.

Arzt: Je nach Fachrichtung können Kinder hier problemlos mit. Da gibt es fast immer Spielkisten, außerdem ist es warm, sauber und trocken. Zu allen Ärzten mit Ansteckungspotential im Wartezimmer gehen Sie natürlich lieber allein. Zur Kariesprophylaxe sollten Sie Ihr Kind auf jeden Fall mitnehmen, das nimmt die Angst, und vielleicht macht es ja schon mal freiwillig »Aaa!«. Wenn aufwendige Brückenarbeiten u. Ä. anstehen, sollte das Kind lieber so lange zu Oma/Babysitter/Freund(in).

Post/Bank/Amt: Kürzere Erledigungen lassen sich immer gut vor dem Nachmittagsprogramm einplanen. Das Kind zeigt sich kooperativer, wenn es ausgeruht ist und z. B. »Spielplatz« in Aussicht hat. Nehmen Sie sich nicht mehrere der ehemaligen »Mal-eben-kurz«-Termine an einem Tag vor. Früher war das kein Problem, jetzt schon.

Shoppen: Der perfekte Termin, um kinderfrei durch Klamottenläden zu bummeln, ist der Samstagvormittag. Da Sie sowieso früh wach sind, können Sie locker um zehn vor Ihrem Lieblingsgeschäft stehen. Dann sind alle Umkleidekabinen noch leer – und wenn gegen 13 Uhr die Massen einfallen, sitzen Sie schon beim Milchkaffee und lesen sich durch die Zeitungen. Das Kind? Macht sich derweil einen super Vormittag mit Papa.

02 TERMINE, TERMINE

MUT ZUR LÜCKE

Berufstätige Mütter haben oft das Gefühl, sie müssten in allen Kinderbelangen doppelt so gut sein. Deshalb fällt es ihnen besonders schwer, auch mal »Nein« zu sagen. »Kann Fiona bei mir übernachten, können wir Plätzchen backen, bügelst du meine Steckperlen noch, machst du für das Fest eine dreistöckige Torte, gehen wir heute ein Schwert kaufen?« Kinder wollen viel, sie wollen es sofort, und sie denken, der Tag habe 200 Stunden und Mama sowieso immer Zeit. Hinzu kommt der Druck, den man sich selbst und/oder das Umfeld macht: Zur Vorweihnachtszeit gehören natürlich Backorgien und Weihnachtsmarkt und Bastelnachmittage und Weihnachtsmärchen und festliche Deko in der ganzen Wohnung. Zum Faschingsfest im Kindergarten sind ein selbstgenähtes Kostüm und selbstgebackene Themenmuffins das absolute Minimum. Kaputte Gummistiefel müssen sofort ersetzt werden, und beim ersten Sonnenstrahl muss die komplette Sommergarderobe parat liegen. Ein Kind braucht drei vollwertige Mahlzeiten am Tag und mindestens drei Nachmittagstermine pro Woche. Und und und.
Wenn Sie häufiger das Gefühl haben, Sie kommen nicht mehr zum Luftholen, dann läuft irgendetwas falsch. Denken Sie in einem ruhigen Moment (z. B. unter der Dusche) mal darüber nach, was Sie stresst und warum.

Nur noch eine Woche bis Heiligabend und Sie haben mit Ihrem Kind noch keinen einzigen Zimtstern ausgestochen? DAS MACHT NICHTS! Vor Weihnachten gibt es genug andere Dinge zu tun; Kekse backen kann man auch im Januar noch.

Morgen ist Kindergartenfest, aber Sie schaffen es einfach nicht, einen Möhrenkuchen zu backen, geschweige denn die Karotten aus orange gefärbtem Marzipan zu modellieren? LASSEN SIE ES! Wozu hat Dr. Oetker die Backmischungen erfunden? Und wenn Sie schon die Vorstellung von Teigrühren stresst: Kekse o. Ä. aus dem Supermarkt sind absolut ausreichend. Übrigens merkt sowieso niemand, wer was mitbringt – und Kinder finden Negerküsse bestimmt viiiiel cooler als Möhrentorte.

Ihr Kind will unbedingt, dass ein Freund zum Übernachtungsbesuch kommt, aber Sie wollen nicht? DAS IST OKAY! Übernachtungsaktionen von Kindern unter sechs können extrem nervig sein. Manche Mütter finden es süß, wenn zwei Wilde bis 22 Uhr durch die Wohnung toben und am Ende das eigene und das fremde Kind im Ehebett landen. Wenn Sie nicht dazugehören, dürfen Sie zur Übernachtungsfrage »Nein« sagen.

Sie haben absolut keine Lust Tierarzt-Assistentin zu spielen und 99mal in Folge den Stoffhund zu impfen? SIE MÜSSEN NICHT! Mütter dürfen auch mal ein Spiel »doof« finden und sind nicht qua Gesetz dazu gezwungen, den Nachmittag in einer Wiederholungsschleife zu verbringen. Schlagen Sie Ihrem Kind eine Alternative vor. Wahrscheinlich wird es kurz schmollen, aber dann gerne mitspielen.

Herbstzeit, und Sie haben noch keinen Zoo aus Kastanien und Streichhölzern angefertigt? NIEMAND ZWINGT SIE! Wenn Sie kein Händchen für solche Bastelaktionen haben und/oder eine Abneigung gegen Kastanientiere hegen, stehen Sie ruhig dazu. Es gibt zig andere lustige Dinge, die man im Herbst tun kann: Laterne gehen, Laubschlachten, Kastanien sammeln und an Hirsche verfüttern, Blätter pressen oder Kinderpunsch kochen. Irgendwas wird auch für Sie dabei sein.

02 TERMINE, TERMINE

HILFE, ICH HABE …

Habituelles »Ich-rede-wie-meine-Mutter«-Syndrom

Zieh die Hausschuhe an, oder willst du morgen mit Schnupfen im Bett liegen? Ellenbogen vom Tisch! So redest du nicht mit deiner Mutter! »Wie bitte« heißt das! Sag anständig »Guten Tag« zu Herrn Müller! Meinst du, das Zimmer räumt sich von alleine auf? Ich habe dir schon tausendmal gesagt … Lauter Sätze, die man niemals sagen wollte. Und plötzlich rutscht einer raus. Und man denkt: So wollte ich nicht reden. Aber ich muss! Genau dieser Satz fällt mir zu dieser Situation ein, und er muss raus!
Was man tun kann: Wenig. Ab und zu mal laut über sich selbst lachen.
Was man vermeiden sollte: Selbstvorwürfe. Irgendwie gehört der Ermahnungs-Klangteppich ja auch dazu. Und tatsächlich führt manchmal erst die millionste Wiederholung zum Ziel.

Progressive Mütter-Phobie

Sie haben Angst, mit anderen Müttern zu sprechen, weil Sie befürchten, dass diese a) nur über ihr Kind reden, b) nur über ihren Job reden oder c) nur über ihre Hausangestellten reden. Im Fall a) befürchten Sie, dass es um Hochbegabung, Lebensmittelallergien oder Betreuungsprobleme geht. Im Fall b) befürchten Sie, dass die Mutter einen super Job, einen superlangweiligen Job oder gar keinen Job hat. Im Fall c) befürchten Sie, dass über viel Geld, viel Zeit und keine Betreuungsprobleme geredet wird.
Was man tun kann: Reden Sie nicht mit anderen Müttern.
Was man vermeiden sollte: Mit anderen Müttern reden.

Die Super-Nanny-Krise

Ihr Kind wirft sich im Kindergartenflur hysterisch schreiend auf den Boden, weil es bei 32 Grad im Schatten nicht in Gummistiefeln nach Hause gehen soll. Ihr Kind schmeißt wutentbrannt das Leberwurstbrot durch die Küche, weil Sie

es fälschlicherweise durchgeschnitten haben. Ihr Kind haut ein anderes Kind – ohne Grund. Sie winden sich vor Peinlichkeit. Dabei sind Sie doch immer so freundlich-konsequent-verständnisvoll-fürsorglich! Sie haben Erziehungsratgeber gelesen und jede Folge von »Super-Nanny« geguckt. Und jetzt merken alle, dass Sie so gar nichts im Griff haben!
Was man tun kann: Ruhig bleiben. Sind Sie nicht auch manchmal furchtbar wütend? Beim geringsten Anlass, und Sie geraten trotzdem außer Kontrolle? Okay, Sie werfen vielleicht nicht mit Leberwurstbroten, aber würden Sie vielleicht gern?! Voilà. Und Sie sind nicht dreieinhalb.
Was man vermeiden sollte: Schreien. Andere Mütter oder Passanten um Verzeihung bitten. Sich bei RTL als Problemfamilie bewerben.

Keinen Telefon-Joker

Leider muss man manchmal »offizielle« Telefongespräche in Anwesenheit des Kindes führen. Mit dem Arzt, dem Amt und gar dem Arbeitgeber. Gut wäre es, wenn diese Telefonate so funktionierten wie bei Günther Jauch: »Sie haben 60 Sekunden Zeit für Ihre Antwort. Achtung, jetzt kommt die Frage.« Denn in 60 Sekunden könnte man es schaffen, ein Telefongespräch zu führen, ohne dass das Kind sehr laut schreit, sehr penetrant dazwischenredet und/oder sehr vehement versucht, des Hörers habhaft zu werden. Leider gibt es den Telefon-Joker für Mütter nicht.
Was man tun kann: E-Mails schreiben. Für Sie selbst mindestens genauso anstrengend (Kind schreit, redet und/oder möchte selbst an die Tastatur), aber wenigstens merkt der Adressat nichts davon.
Was man vermeiden sollte: Sätze wie: » Musst du so laut schreien? Siehst du nicht, dass ich telefoniere? Nein, das ist nicht Oma, das ist mein Chef.«

Abb. Erziehungsmaßnahmen

01 Strenges Nein

02 Bestechendes Nein

03 Nei–, na gut

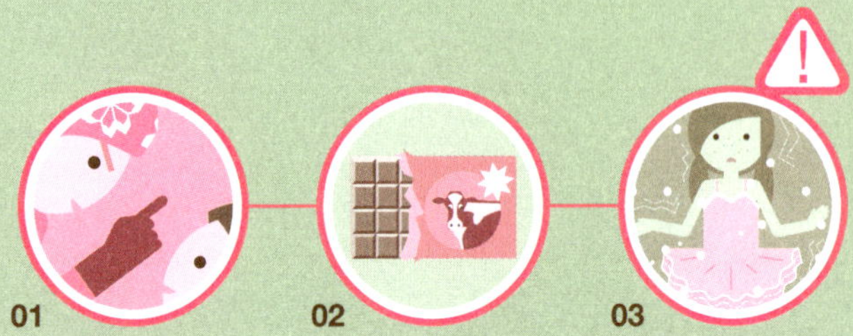

»Ach, mach doch, was du willst«, würde man so gerne sagen, aber die Folgen wären in diesem Fall **1.** Lungenentzündung, **2.** Revolution des Bruders (»Dann will ich mein Spiderman-kostüm anziehen!«) und **3.** morgen die gleiche Diskussion (mit beiden Kindern).

ERZIEHUNG IN ZEITEN DER ERSCHÖPFUNG

Kind anziehen, Kind ausziehen, Konferenzen, Abgabetermine, Rezept für Augentropfen abholen, Kind anziehen, Kind ausziehen, puzzeln, putzen, Kinderturnen, einkaufen, Kind anziehen, Kind ausziehen, Jakob zu Besuch, Buch angucken, Dinosaurier basteln, Essen kochen, aufräumen, Kind ausziehen, Zähne putzen, baden, Bett. Man ist einfach extrem gut beschäftigt. Sehr oft bis an die Belastbarkeitsgrenze. Und wenn ein Rädchen im Getriebe hakt, dann wird es auch mal zu stressig, man wird gereizt. Sagt Sätze wie: »Kannst du dich nicht einmal zusammenreißen?« Sätze, für die man sich direkt danach hasst (siehe auch S. 48). Und dann soll man trotzdem noch auf pädagogisch korrektes Verhalten achten: Kind schmeißt Jacke in die Ecke (man würde sie so gern einfach selbst aufhängen). Kind will unbedingt ein Überraschungsei an der Supermarktkasse (man würde so gern einfach »Ja« sagen). Kind will wieder nicht Zähneputzen (man würde so gern »Na gut« sagen). Leider gewinnt man durch einmal nachgeben gar nichts, denn beim nächsten Mal steht man wieder vor dem gleichen Problem. Egal, wie erschöpft man ist als Mutter, egal wie stressig die Rahmenbedingungen sind – man muss das Kind trotz allem erziehen. Zur Deeskalation trägt es oft schon bei, wenn man die klassischen Imperativ-Fallen vermeidet:

Kind: Kann ich Nutella?
Supermom: Kann ich einen ganzen Satz haben?
Kind: Kann ich Nutella aufs Brot haben?
Supermom: Nein.

Falle 1: »Nein!«

Ein sehr unbeliebtes Wort. Kinder reagieren darauf selten mit Einsicht, meistens mit Wutgeschrei, Tränen oder einer bestechenden Flut an Argumenten. Das pädagogisch unratsame »Ja« oder »Na gut« kann man sich gerade noch verkneifen (s. o.), aber wenn man sich schon im Büro rhetorisch abgearbeitet hat, ist die Versuchung groß, jede Forderung des Kindes stattdessen mit einem strengen »Nein« zu quittieren. »Noch zehn Minuten spielen, bitte!« »Kann ich baden?« »Gibt es Kakao zum Abendessen?« »Machst du mir eine Wärmflasche?« Nein. Nein. Nein. Nach einem anstrengenden Arbeitstag haben Sie keine Lust auf irgendwelche Extras. Dabei sind zehn Minuten Spielen ein bescheidener Wunsch, ebenso wie ein Bad, ein Kakao und eine Wärmflasche. Nichts, womit Sie Ihr Kind ärgern will, und nichts, womit Sie Ihre Erziehungserfolge aufs Spiel setzen. Aber Sie haben sich auf Feierabend eingestellt, die Badewanne müsste erst geputzt werden, der Kakao kippt bestimmt um, und die Wärmflasche müssten Sie erst umständlich aus der hintersten Schrankecke holen. Also »Nein«. – »Warum nicht? Och bitte, Mama! Du bist fies.« Und Sie merken, wie sinnlos dieses »Nein« war, können aber nicht mehr zurück. Denn jetzt greift der 1. Erziehungsgrundsatz und der lautet: »Konsequenz«. Mist, Mist, hätte man doch nur diesen blöden Kakao erlaubt, dann wäre man jetzt schon fertig mit dem Abendessen, würde sich nicht wie eine autoritäre Zicke fühlen, und alle wären viel glücklicher.

Hören Sie sich daher immer erst in Ruhe an, was das Kind möchte (auch wenn es sich schon nach zwei Worten nach »Geht gar nicht« anhört!), und wägen Sie kurz im Kopf das Für und Wider ab. Handelt es sich um eine Bitte, die Sie aus erzieherischen Gründen ablehnen müssen? Oder ist es eine Lappalie, die Sie genauso gut erlauben können? Und ja, spätestens wenn das Kind eingeschult wird, könnte man eine Laufbahn im diplomatischen Dienst beginnen.

Falle 2: »Aber nur ausnahmsweise!«
Ein sehr gefährlicher Satz. Dabei möchte man dem süßen Kind so gerne auch mal etwas gönnen: Fernsehen, Zähneputzen ausfallen lassen, mit den Fingern essen, in Mamas Bett schlafen,

Kindergarten schwänzen, drei Kugeln Eis und Streusel, lange aufbleiben. Aber es dauert sehr lange, bis Kinder das Prinzip von Ausnahmen überhaupt intellektuell verstehen. Und noch länger, bis sie es akzeptieren. Das heißt, wenn Sie heute ausnahmsweise »Sandmännchen« erlauben, werden Sie mit 100 %iger Sicherheit morgen Abend sehr lange erklären müssen, warum es das nicht wieder gibt. Der Ausnahme-Deal wird Ihr Kind null interessieren. Es wird denken: Gestern ging es, also wird es doch wohl heute auch gehen. Leider ist es viel einfacher, »Sandmännchen« nie zu erlauben, ebenso wenig wie eine Süßigkeit an der Supermarktkasse oder einen Abend ohne Zähneputzen.

Was jetzt aber nicht heißen soll, dass Ihr Kind ein freudloses Dasein ohne kleine Verrücktheiten fristen soll. Natürlich soll es Ausnahmen geben – aber überlegen Sie genau, wann und wofür. Zum Beispiel verstehen Kinder sehr wohl, dass Urlaub ein »Ausnahmezustand« ist. Sie können zwei Wochen lange aufbleiben und jeden Tag ein Eis essen, werden dies aber nicht automatisch zu Hause einfordern. Oder Sie können erlauben, dass Ihr Kind bei Oma immer eine Sendung im Fernsehen schauen darf. Sie können den Walkman auf langen Autofahrten gestatten und das Nutellabrötchen am Wochenende.

Falle 3: »Beeil Dich!«

Wohl einer der meistgesagten Sätze von berufstätigen Müttern. Irgendwie scheint man immer in Eile zu sein, und das Kind muss mithalten. Dabei brauchen gerade kleine Kinder für viele Dinge viel Zeit. Die Versuchung ist riesig, das als Mutter zu ignorieren und einfach alles selbst in die Hand zu nehmen. Anziehen? Ja, vielleicht kann der Zweijährige schon allein seine Hose anziehen, aber das dauert ewig! Beim Tisch abräumen helfen? Nett gemeint, aber ich mach's lieber selbst, schließlich müssen wir in fünf Minuten los. Zu Fuß gehen? Dann kommen wir ja nie an! Natürlich kommt das Kind in den Buggy.

Versuchen Sie trotz aller Hektik unbedingt, Ihr Kind zur Selbstständigkeit anzuleiten. Auch wenn es aussichtslos scheint, dass die Dreijährige ihre Schuhe allein zubindet: Sie muss es ausprobieren. Assistieren Sie, ermutigen Sie, loben Sie. Auch aus rein egoistischen Gründen: Nichts entlastet Sie so wie ein selbstständiges Kind. Wenn Sie hundertmal bei der Schleife geholfen haben, kann Ihr Kind sich allein die Schuhe zubinden – was für ein Erfolg für das Kind und was für ein Luxus für Sie!

Die Schritte zur Selbstständigkeit sind klein – und dabei geht es auch darum, Verantwortung und Pflichten zu übernehmen. Schon kleine Kinder sollten z. B. ihre Jacke selbst aufhängen und ihre Schuhe ordentlich hinstellen. Größere Kinder sollten kleine Pflichten im Haushalt übernehmen und z. B. ihr Zimmer aufräumen. Helfen Sie zunächst mit, indem Sie klare Anweisungen geben. Die Aufforderung »Räum mal auf!« wirkt zu abstrakt, sagen Sie lieber: »Pack mal die Puppensachen in den Korb, die Legosteine in die Kiste, die Stifte in den Becher« etc.

Vierjährige können schon mal allein zum Bäcker reingehen oder den kurzen Weg zu ihrem Freund allein bewältigen. Immer Stück für Stück: Erst nur die Treppe, dann die letzten Meter, dann die Straße hoch usw. Auch für Sie bedeutet es Entlastung, wenn Ihr Kind sich allein anziehen und waschen kann, allein essen und den Tisch abräumen kann. Und wie lässig ist es erst, wenn man sein fünfjähriges Kind bitten kann, noch mal schnell einen Liter Milch zu holen!

FREMDE UND WIEDERGEFUNDENE WÖRTER

Dieses Wort kennen Sie aus Ihrer Kindheit, aber es war Ihnen immer ein Rätsel? Tatsächlich befindet sich der Geduldsfaden im Kleinhirn und wird erst mit der Mutterwerdung aktiviert, ist aber von da an im Dauereinsatz. Bei Überbeanspruchung kann dieses fragile Band reißen (»Aaaaahhhhgrrrrr«), aber schon durch äußerste Ruhe regeneriert sich der Geduldsfaden meist vollständig.

GEDULDSFADEN
[gədʊltsfaːdn]

Damit müssen Sie sich erst nach der Einschulung rumschlagen, dachten Sie? Falsch! Auch in der KiTa gibt es den einen oder anderen Abend, an dem sich alle Eltern (gerne Mama und Papa) im Gruppenraum versammeln, sich auf Miniaturstühlen Rückenschmerzen für zwei Tage einfangen und langwierige Diskussionen über Fragen wie »Darf Nutellahörnchen in die Brotdose?« führen. Elternfeeling extreme.

ELTERNABEND
[ɛltɐnaːmt]

Am Anfang zählt man noch mit: »Er macht gerade die erste Trotzphase durch.« Aber bald muss man erkennen, dass es sich keineswegs um eine Phase, sondern um einen Dauerzustand handelt. Leichte Besserung darf man sich mit Erreichen der Volljährigkeit erhoffen.

TROTZPHASE
[trɔtsfaːzɛ]

Oh Gott, wo kommt das Wort denn her? Direkt aus der Mottenkiste der Erziehungsberater. Diese Vokabel wollte man nie, nie benutzen! Und plötzlich wabert sie im Kopf rum und verfolgt jede Handlung und jede Äußerung. Und man sagt wirklich Sätze wie: »Schatz, du musst aber auch mal konsequent sein!« Reihenhaus, wir kommen!

KONSEQUENZ
[kɔnzekvɛnts]

DAS MUTTERGEWISSEN RUFT

»Ich kann nicht mehr! Aber darf ich das Kind vor dem Fernseher parken?«

Manchmal geht es einfach nicht mehr: Stress im Büro, dröhnende Kopfschmerzen, Dauerregen, Dauer-schlechte-Laune. Und manchmal braucht man eine garantiert ungestörte halbe Stunde – für ein berufliches Telefonat, ein Problem mit dem Computer, eine Crème brûlée. Dann ist es durchaus erlaubt, den stets präsenten Babysitter namens Fernseher zu aktivieren (allerdings frühestens für Kinder ab 3). Da man sich nicht darauf verlassen kann, dass das Kinderprogramm mit den persönlichen Krisen kompatibel ist, legen Sie sich am besten ein paar passende DVDs zu. Geeignet sind zum Beispiel Astrid-Lindgren-Filme, Augsburger Puppenkiste, »Charlie und Lola«, »Petterson und Findus«. Achten Sie trotzdem darauf, dass das Krisen-Fernsehen nicht länger als eine halbe Stunde dauert und dass es eine Ausnahme für Sie und das Kind bleibt. Gleiches gilt übrigens für kurzfristige Ruhigstellung durch Süßigkeiten. Eigentlich ein No-Go, aber manchmal ist eine vorübergehende pädagogische Bankrotterklärung immer noch besser als ein beiderseitiger Nervenzusammenbruch.

BÜCHER UND MEHR

Fürs Kind

Alle Charlie und Lola-Bücher von Lauren Child (Fischer) – hier finden sich Kinder in ihrem Alltag wieder. Auch die DVDs sind empfehlenswert; kurze kindgerechte Trickfilme, die auch Erwachsene begeistern. Außerdem wundervoll für Kinder mit Hang zum Drama: Lotta zieht um von Astrid Lindgren (Oetinger): Lotta ist wütend, zerschneidet einen Pullover und zieht dann kurzerhand in den Schuppen der Nachbarin (alles ab 4).
Und wenn der stressige Tag zu Ende ist, geht es mit einem Buch ganz entspannt ins Bett: Gute Nacht, Gorilla von Peggy Rathmann (Moritz) kommt ganz ohne Text aus. Wie alle Zootiere am Abend dem Wärter ins Schlafzimmer folgen, macht schon Kindern ab 3 so viel Spaß, dass das Buch bald zum Abendritual dazugehören wird. Ebenso übrigens wie der kleine Bär in Gute Nacht, Sterne von Anu Stohner und Henrike Wilson (Hanser, ab 3). Er will nur schlafen gehen, wenn er vorher allen Freunden und Kuscheltieren Gute Nacht gesagt hat – und zwar in Reimform: »Gute Nacht, Känguru! Schließ deine Augen zu!« zum Beispiel. Ihr Kind wird dieses Reimspiel lieben, also machen Sie sich darauf gefasst, dass Sie bald mitreimen müssen!

Für Supermom

Wenn Sie arge Schwierigkeiten hatten, sich an ein Leben mit Kind zu gewöhnen, lesen Sie Frisch gewickelt von Risa Green (Knaur): Lara – ganz upper class L.A. – dachte, nach der Geburt wäre alles wie vorher und das Baby würde einfach ein weiteres schickes Accessoire in ihrem Leben werden. Dieser Plan allerdings lässt sich trotz Vollzeit-Nanny so gar nicht verwirklichen. Total übertrieben und wahnsinnig amerikanisch, aber immer wieder voll treffender Komik.

03 QUALITY TIME MIT KIND

03 QUALITY TIME MIT KIND

Altes Leben

Nachmittags war man im Büro und hat sich auf den Feierabend gefreut. Mal eine Kaffeepause gemacht. Am Wochenende war man spazieren und hat sich über kleine Kinder gefreut, die im Park umhertobten und vielleicht ein bisschen über die Eltern gewundert, die auf der Bank Zeitung lasen, anstatt mit ihren Kindern meterhohe Sandburgen zu bauen, Enten zu füttern oder Drachen steigen zu lassen.

Vison

Ich werde Großmeisterin der Sandkiste und baue kunstvolle Schlösser! Mein Kind wird mich bewundern (und die anderen Eltern auch). Wir gehen Enten füttern und lernen auch Blesshühner und Schwäne kennen! Wir singen viele Lieder, auch auf Englisch; man darf Kinder schließlich nicht unterfordern. Wir lassen Drachen steigen und gehen Laterne und basteln einen Origami-Zoo und malen die Fenster mit Fingerfarbe an und-und-und. Mein Kind wird mich lieben, und ich kann endlich wieder kreativ sein!!!

Neues Leben

Das Kind ist undankbar – es würdigt meine Sandburgen nicht im Geringsten, sondern macht alles gleich kaputt. Enten füttern ist wirklich super, aber nur fünf Minuten lang. Dann ist das Brot alle, die Aktion beendet – und der Nachmittag dauert noch Stunden… Wo lernen Eltern eigentlich englische Kinderlieder? »Jingle Bells« taugt jedenfalls nichts, außerdem kann ich nur den Refrain. Zum Drachen-Steigenlassen ist das Kind zu klein, zum Origami-Basteln auch, und wer hatte eigentlich die Schnapsidee mit dem Fenster-Anmalen???

Kinderspaß ≠ Mutterspaß
Diese Ungleichung gilt zumindest für Kinder unter vier, denn für die gestaltet sich ein gelungener Nachmittag in den seltensten Fällen so, wie die Mutter es sich vorstellt. Mütter wollen gerne etwas Schönes unternehmen oder etwas Sinnvolles basteln oder ein pädagogisch hochwertiges Spiel spielen. Kleine Kinder hingegen wollen gerne hundertmal dasselbe Buch angucken oder in Zeitlupe zum Spielplatz gehen oder sich immer wieder hinter dem Sessel verstecken. Kleine Kinder wollen auch gerne malen, was bedeutet, dass Supermom die gängigen Tiere aufs Papier zaubert, die dann mit großzügigen Strichen unkenntlich gemacht werden. Kleine Kinder machen auch gerne einen Ausflug, wenn es genug Pfützen zum Reinspringen (und Mama die Erlaubnis) gibt, und sie spielen natürlich gern Lego, falls Mama ihre Schauspieltalente für das Feuerwehrpersonal mobilisiert (»Alarm! Alle Mann Helme auf und in die Autos! Tatütata! Oh, da, es brennt bei Müllers! Wasser marsch!!!«).
Ab etwa vier Jahren wird es etwas einfacher, Dinge zu finden, die Kinder erfreuen und den Müttern nicht automatisch das Gehirn aufweichen. In dem Alter wissen die Kinder Ausflüge mit Picknick zu schätzen, sie lieben Events wie Zirkus oder Kindertheater, sie können viele Dinge basteln und zeigen mehr Ausdauer, und das Vorlesen besteht nicht nur aus: »Na, wo ist der kleine Hase?« »Daaaaa!« »Und wie macht die Katze?« »Miauuu!«

Kind: Piep!
Supermom: Oh, ich glaube, der Julius ist weg!
Kind: Piiiep!!
Supermom: Ja, wo ist er denn?
Kind: Piiiiiep!!!
Supermom: Na, da ist er ja! Hinter dem Sessel!

KINDERBESCHÄFTIGUNG TOTAL

Aber natürlich möchte man auch den Kleinen etwas bieten, wenn denn mal keine Termine anliegen oder der Frühjahrsputz erledigt werden muss. Und man möchte schließlich auch als Mutter mal ein paar der Mein-Leben-mit-Kind-

Visionen verwirklichen. Auch wenn sich die meisten als realitätsferne Klischees herausstellen – es gibt sie schon, die Aktivitäten, die sinnvolle Pädagogik mit Spaß verbinden und vielleicht die Situationen hervorbringen, von denen Sie einst geträumt haben.

Künstler-Kinder I: Gemälde

Gemeinsam kreativ sein, das gehört zur Mutter-Kind-Idylle dazu. Das ist für die Entwicklung des Kindes enorm wichtig, und – ganz ehrlich – irgendwie sehnt man sich auch danach, endlich mal etwas zu produzieren, dass weithin sichtbar Zeugnis ablegt über die viele Quality Time, die man mit dem Kind verbringt.
Wie gesagt, mit dem Origami-Zoo wird es so schnell nichts werden, falten und schneiden und kleben können Kinder frühestens ab vier und auch dann noch sehr »unordentlich«. Aber malen können Kinder schon früher, als manch Erwachsener denkt. Probieren Sie es aus: Immer mal einen Buntstift in die Hand drücken und ein Blatt Papier bereitlegen. Sobald das Kind den Stift nicht mehr nur in den Mund nimmt, sondern erste Malversuche macht, sollte dies zum regelmäßigen Programm gehören. Zuerst mit extradicken Bunt- und Wachsstiften, gemalt wird, was und solange das Kind will. Zugegeben, das ist noch der langweilige Teil. Man möchte doch so gern Ergebnisse sehen, ein echtes Bild, das man mit Mutterstolz aufhängen kann! Abwarten.
Etwa ab zwei Jahren können Sie erste Experimente mit Fingerfarben machen. Dazu brauchen Sie große Blätter (DIN A3), für jeden Fingerfarbtopf einen dicken Borstenpinsel, viel Zeitung zum Unterlegen, ein altes Hemd oder Malkittel für sich (!) und für das Kind sowie ein Tuch zum schnellen Abwischen. Helfen Sie nur beim Eintauchen in die Farbe, ansonsten darf das Kind Kreise und Striche malen, wie es will. Auch mal mit den Fingern (deshalb heißt es schließlich Fingerfarbe). Et voilà: Es entstehen wirklich Bilder! Schön

bunt und ungeheuer expressionistisch, die könnte man glatt verkaufen, auf jeden Fall aber einrahmen und aufhängen. Also, zumindest eins … Zum Schluss der Kreativ-Session können Sie ein paar Handabdrücke machen und haben gleich ein super Geschenk für die Großeltern!

Etwa ab drei Jahren kann das Kind vielleicht schon erste »richtige« Motive malen. Dazu braucht es allerdings etwas Anleitung und Anregung. Zeigen Sie, wie man zum Beispiel ein Männchen zeichnet: Ein Kreis wird das Gesicht. Fragen Sie das Kind, was noch fehlt und es wird sagen: Augen, Ohren, Mund, Nase, Haare. Dann lassen Sie das Kind mal selbst versuchen. Vielleicht bekommt es den Kreis schon hin, dann wird es wahrscheinlich riesengroße Augen reinmalen oder auch nur ganz kleine Punkte. Die ersten Männchen haben übrigens keine Körper; Beine und Arme zeichnen Kinder direkt an den Kopf. Diese Kopffüßler gehören zur normalen Entwicklung, verbessern Sie Ihr Kind also nicht! Außerdem sehen diese ersten Männchen ganz hinreißend aus – unbedingt die schönsten aufheben!

Später kann das Kind mit etwas Anleitung auch Bilder mit Fingerfarben malen. Alle Formen entstehen dabei nicht aus Konturen, sondern aus Flecken, die von innen nach außen vergrößert werden. Ein Gesicht entsteht aus einem kreisförmigen Fleck, eine Katze aus zwei ovalen Flecken bzw. Eiern (darunter kann sich das Kind mehr vorstellen): ein großes Ei für den Körper (oder Bauch), ein kleines für den Kopf. Fragen Sie, wie viele Beine eine Katze hat, und Ihr Kind wird vier Striche an das Bauch-Ei malen – wahrscheinlich ellenlang und wild platziert. Wenn die Farbe getrocknet ist, kommen Augen etc. dran.

Mit vier Jahren etwa können Sie auch Wasserfarben ausprobieren. Im Gegensatz zu Fingerfarben müssen diese erst angerührt werden, was gar nicht so leicht ist. Man muss die richtige Menge Wasser mit der richtigen Menge Farbe vermischen – das erfordert Geduld und feinmotori-

Jedes Kind ist anders. Manche Kinder malen gerne, manche nicht. Manche fangen früh an, »gegenständlich« zu zeichnen, andere »kritzeln« lieber. Üben Sie also keinen Druck aus, sondern machen Sie nur Angebote!

sches Geschick. Fragen Sie ruhig mal, was Ihr Kind malen möchte, denn auch scheinbar komplexe Themen wie »Rotkäppchen« oder »Heilige Drei Könige« setzen Kinder ganz beherzt um. Besprechen Sie ruhig mal Bildaufteilung und Farbgebung, aber schimpfen Sie nicht, wenn es dann doch anders wird.

Abb. Künstler-Kinder
01 Grüne Phase
02 Rosa Phase
03 Selbstporträt

Großeltern oder Patentanten freuen sich auch über eine Kunst-Postkarte. Hier müssen Sie aktiv werden und ein besonders gelungenes Werk im Copyshop auf DIN A6 verkleinern lassen. Auf Pappe kleben und losschicken!

Natürlich müssen alle Kunstwerke gelobt und gepriesen werden. Hängen Sie eine Schnur ins Kinderzimmer und befestigen Sie die schönsten Bilder mit kleinen bunten Wäscheklammern – Ihr Kind wird superstolz auf diese Galerie sein!

Künstler-Kinder II: Kartoffeldruck & Co.

Och nee, nicht schon wieder malen! Denken Sie vielleicht oder zetert Ihr Kind. Wie wäre es dann mal mit Kartoffel- oder Korkendruck? Mit dieser Technik können auch schon 3–4jährige tolle Sachen machen. Zum Beispiel ein Tischset: Dazu brauchen Sie nur eine Kartoffel, grüne und gelbe Fingerfarbe, ein dickeres DIN-A3-Blatt und Buntstifte in Schwarz und Rot sowie die Schutzausrüstung für alle Beteiligten inklusive Möbel. Das Kind bekommt eine Hand grün angemalt und lässt aus vielen Handabdrücken in der unteren Bildhälfte eine Wiese entstehen. Trocknen lassen. Dann eine Kartoffelhälfte mit gelber Farbe bestreichen und das Kind kleine Küken drucken lassen. Wenn diese auch getrocknet sind, darf das Kind mit dem Buntstift Schnäbel in Rot und Beine sowie Augen in Schwarz an die Küken zeichnen. Laminieren lassen – und fertig ist ein wunderbares Frühlingstischset! Perfekt geeignet auch als Osterüberraschung für Oma.

Auch Korken leisten gute Dienste als Stempel. Zeichnen Sie zum Beispiel einen Fisch vor, und lassen Sie das Kind bunte Kreise hineinstempeln. Auch mit Apfelhälften kann man sehr schöne Bilder »drucken«; z. B. einen von Mama gezeichneten Baum mit vielen roten Äpfel versehen. Ältere Kinder können auch mit Stofffarben stempeln und so Geschirrtücher, Schürzen, Servietten (gibt es blanko im Bastelladen oder, wenn man Glück hat, in hellen Uni-Farben bei IKEA) etc. verzieren. Die haben ebenfalls großes Geschenkpotential z. B. für Weihnachten!

Vorsicht vor Knete (lieben Kinder!) und Pappmaché-Basteleien. Ersteres ist zwar enorm pädagogisch (von wegen Feinmotorik und Phantasie), aber Sie finden meistens noch Tage später überall Knetreste. Letzteres ist schön matschig, dauert aber ewig, und das Ergebnis überzeugt nicht wirklich.

03 QUALITY TIME MIT KIND

FREMDE UND WIEDERGEFUNDENE WÖRTER

SPIELI
[ʃpi:li]

Klingt wie Spüli, ist aber eine bei Kindern beliebte Verniedlichungsform von Spielplatz, und wird leider von den meisten Eltern reflektionsfrei übernommen. Der Satz »Seid ihr nachher auch auf dem Spieli?« sorgt bei Neuzugängen in der Müttergemeinschaft für sofortiges Fußnägelaufrollen, aber schon nach kurzer Zeit gehört dieses Unwort auch zu ihrem aktiven Wortschatz.

KINDERTURNEN
[kindatuan]

Das Wort hat man zum letzten Mal gehört, als man selbst in Turnhosen (!) Purzelbäume (!) auf Weichbodenmatten (!) gemacht hat. Jetzt steht man also wieder in der nach Schweiß stinkenden Halle, denn heutzutage ist Kinderturnen fast immer mit Müttern. Die müssen mitsingen und manchmal komische Tänze machen und vor allen Dingen die Kinder festhalten, damit sie nicht vom Bock (!), Barren (!), Schwebebalken (!) oder Kasten (!) fallen.

REISWAFFEL
[raisvafl]

Dieses Nahrungsmittel existierte früher gar nicht. Es wurde wahrscheinlich erfunden, damit Menschen mit Schlankheitswahn oder Gluten-Allergie auch mal was zum Knabbern haben. Reiswaffeln sehen aus wie Dämmmaterial und schmecken auch so. Garantiert salz- und zuckerfrei gelten sie in Mütterkreisen als geniale Erfindung und werden den Kindern als Keksersatz untergejubelt. Das funktioniert so lange, bis das Kind bei Großeltern und/oder gewissenlosen Fremdmüttern den Genuss echter Kekse kennen gelernt hat. Dann muss Mama den Vorrat an weißen Pappscheiben allein aufessen, weshalb sich der Reiswaffelspuk dann bald erledigt hat. Bis zum nächsten Kind …

Kicher-Kinder: Lieder, Reime, Kaspertheater

Ja, das gehört auch unbedingt zu den Träumen von glücklichen Mutter-Kind-Situationen dazu: Man macht »Hoppe, hoppe Reiter«, und das Kind kreischt vor Begeisterung. Hier sind Vision und Wirklichkeit mal nahe beieinander: Kleine Kinder können sich tatsächlich schlapplachen über Verse und Fingerspiele, sie lieben jede Form von Theater mit Finger- oder Kasperpuppen, und mit dem richtigen Lied können Sie auch längere Autofahrten oder Spaziergänge überstehen. Wenn Sie Ihrem Kind wirklich einen Gefallen tun wollen, eignen Sie sich also einige der folgenden Fähigkeiten und Kenntnisse an – auch wenn Sie sich dabei manchmal ein bisschen albern vorkommen. Und auch wenn in Ihrer Vision nicht unbedingt vorkam, dass Sie dreißigmal den gleichen Vers zum Besten geben …

Aber – wie war das noch mal mit den Elefanten und den Bäumen? Und wie ging eigentlich die letzte Zeile von »Backe, backe Kuchen«? Falls Ihr Repertoire oder Ihre Erinnerung an Kinderlieder und Fingerspiele überholungsbedürftig ist: Auf Seite 78 f. finden Sie einige Buch- und CD-Tipps. Oder Sie schauen mal im Internet:

- www.labbe.de/liederbaum: Auf jeden Fall die größte Fundgrube, schöne Gestaltung, die Lieder gibt es mit Noten, und jede Seite hat eine Druckversion!
- www.kinderreimeseite.de: Lieder und Gedichte in Hülle und Fülle; alphabetisch sowie thematisch geordnet.
- www.kleinesweb.de/spiele/Fingerspiele: »Hast'n Taler …« – hier finden Sie alle Klassiker auf einen Blick.
- www.buchstart-hamburg.de: Links unter »Für zu Hause« finden Sie »Kinderreime international«; interessant sind auch die Downloads!
- www.englishbox.de: Eigentlich eine Seite für den Englischunterricht in der Grundschule, aber hier gibt es zig Reime und Lieder – Letztere sogar zum Anhören.

Abb. Fingerspiel

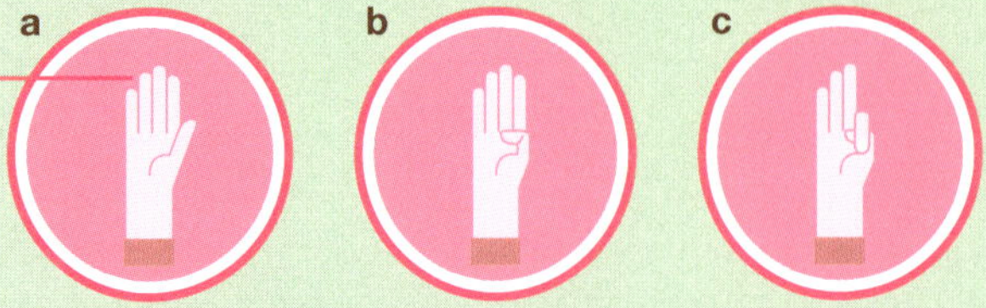

a: Fünf Freunde sitzen dicht an dicht, sie wärmen sich und frieren nicht. **b:** Der Erste sagt: »Ich muss jetzt gehn.« **c:** Der Zweite sagt: »Auf Wiedersehn.«

d: Der Dritte hält's auch nicht mehr aus, **e:** der Vierte läuft zur Tür hinaus. **f:** Der Fünfte ruft: »He ihr, ich frier!« Da wärmen ihn die andern vier.

Abb. Waldlied

Was müssen das für Bäume sein …

… wo die großen Elefanten spazierengehen, ohne sich zu stoßen?

Extra-Punkte für Supermom gibt es, wenn Sie sich lustige Gesichter auf die Fingerkuppen zeichnen. Aber wundern Sie sich nicht, wenn Ihr Kind sofort »Ich auch!« schreit …

Abb. Kaspertheater

01 Echte Bühne

02 Improvisierte Bühne

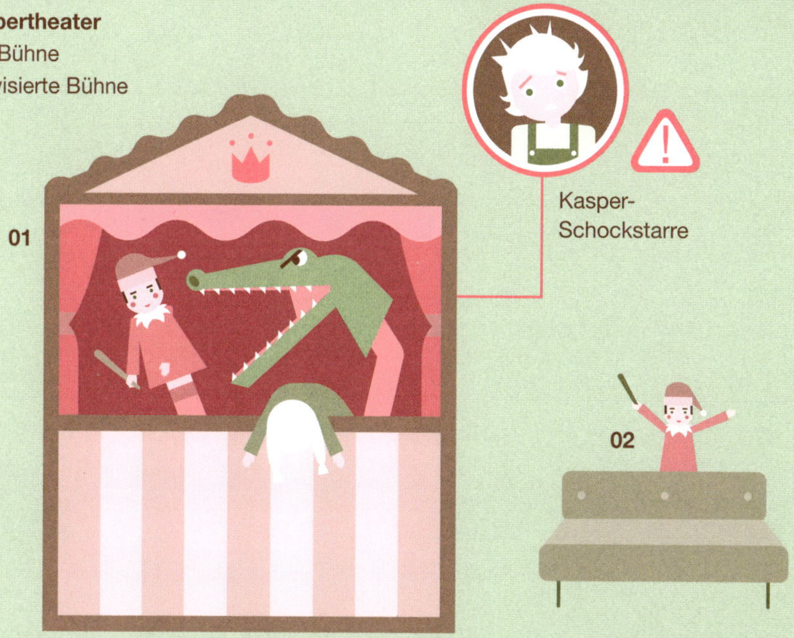

… Rechts sind Bäume … … links sind Bäume … … und dazwischen Zwischenräume … wo die großen Elefanten spazierengehen, ohne sich zu stoßen!

Auch wenn die Geschichten noch so harmlos/albern sind, viele Kinder bekommen panische Angst, wenn Mama verschwindet und stattdessen ein gefräßiges Krokodil, eine gruselige Hexe oder ein gefährlicher Räuber im Wohnzimmer auftaucht.

DAS MUTTERGEWISSEN RUFT

»Darf ich hässliche ›selbstgebastelte‹ Geschenke wegschmeißen? Sollte ich sie nicht lieber aufhängen bzw. -stellen bzw. benutzen?«

Ein Herz aus aufgeklebten und zuvor mit Goldfarbe besprühten Nudeln. Ein thematisch unentschlossenes Bild in Serviettentechnik. Eine CD mit Weihnachtsliedern von der KiTa-Gruppe gesungen; zu hören ist allerdings hauptsächlich die durchdringende Stimme der Erzieherin. Die Liste der Schrecklichkeiten, die aus der Krippe, dem Kindergarten oder später der Grundschule mit nach Hause gebracht werden, ist lang. Hinzu kommen unzählige »Gemälde«, die alle mit Stolz überreicht werden, aber nicht immer so supertoll sind, dass man sie direkt rahmen lassen möchte.
Müssen Sie auch nicht. Richtige Geschenke sollten natürlich ungeachtet ihrer Hässlichkeit ausgiebig gewürdigt werden und zumindest erst mal einen Ehrenplatz bekommen. Nach einer Schamfrist von einigen Wochen kann man sie dann sukzessive aus dem Blickfeld rücken und schließlich im Schrank verstecken. Wenn sich das Kind mehrere Monate nicht nach seinem Kunstwerk erkundigt, darf man es getrost wegwerfen (Achtung: Es muss unbedingt gewährleistet sein, dass der kleine Künstler sein Bild u. Ä. nicht im Müll entdeckt!). Bilder, die von 4–7jährigen in hoher Stückzahl angefertigt werden (Blumenwiesen mit Sonne und Prinzessinnen bzw. Autos und Ungeheuer), darf man unmittelbar heimlich ins Altpapier werfen. Es reicht, wenn man ein bis zwei besonders gelungene Versionen für die Ewigkeit bewahrt.

Besorgen Sie sich für die »guten« Kunstwerke unbedingt eine große Mappe (DIN A2; gibt es im Papiergeschäft), sonst ärgern Sie sich in zehn Jahren, wenn Sie nur total zerknickte oder gar keine Kinderbilder mehr haben. Datum auf der Rückseite der Gemälde nicht vergessen!

Kinder-Könige: Special Events

Eine weitere Mein-Leben-mit-Kind-Vision beginnt mit dem Satz: »Heute machen wir mal etwas Besonderes!« Man will doch mal raus, was anderes sehen, dem Kind etwas gönnen, sich einen schönen Tag machen. Warum nicht einen Ausflug in den Park oder Wald, an den Strand oder in die Berge? Man breitet eine Decke aus, zaubert allerlei Leckereien aus dem Picknickkorb, legt sich in die Sonne und schaut den herumtollenden Kindern zu. Nun ja, so idyllisch ist es selten. Kinder unter drei Jahren verstehen oft noch nicht einmal das Prinzip von Ausflügen; es kann passieren, dass sie es auf dem Spielplatz um die Ecke genauso schön finden – und wundern Sie sich nicht, wenn Ihr Kind Autofahrten generell ablehnt.
Was Sie natürlich nicht davon abhalten muss, am Wochenende Kind und Mann und Picknickkorb zu packen. Aber wenn Sie Ihrem Kind einen Gefallen tun wollen, verzichten Sie auf weite Strecken und ausgiebige Wanderungen. Zwar sind ältere Kinder meist elektrisiert von dem Wort »Ausflug«, aber in-der-Sonne-liegen-und-faulenzen erfüllt sie nicht unbedingt. Und die Aufforderung »Geh doch Ball spielen!« kommt etwa so gut an wie »Genieß doch mal die schöne Natur«.
Machen Sie unbedingt einen Plan. Wechseln Sie sich mit Ihrem Mann ab, denn wenn ein Elternteil mit Ball spielt, sieht die Sache schon anders aus. Am besten Sie nehmen einen Freund und ein paar Spielsachen mit. Oder überlegen sich, wie man den Ehrgeiz der Kinder weckt: ein Hindernis-Parcours im Wald, ein Sandburgen-Bauwettbewerb oder schlicht der Aufruf: Wer findet die fünf schönsten Steine?

Aber es gibt natürlich auch Unternehmungen, mit denen Sie garantiert Begeisterungsstürme bei Ihrem Kind hervorrufen: Ein Nachmittag im Zoo (ab 2; vorher haben Elefanten kaum einen höheren Attraktionsgrad als Tauben), im Schwimmbad (je nach Wasserbegeisterung lieben das auch schon Einjährige) oder auf einem extratollen Spielplatz (ab 3; die ganz Kleinen wissen Ihre Mühe eventuell nicht zu schätzen, ihnen gefällt es auf dem Stamm-Spielplatz genauso gut oder sogar besser) – das ist »etwas Besonderes«, das Ihr Kind glücklich macht und vielleicht sogar Sie selbst. Eventuell gilt das auch für einen Museumsbesuch – am liebsten mögen Kinder Ausstellungen mit ausgestopften Tieren; bei Gemäldegalerien & Co. hängt der Erfolg von Ihrem Präsentationstalent und vom Grundinteresse der Kinder ab.

Und wenn Sie Ihrem Kind mal richtig was gönnen wollen, fahren Sie in einen großen Spielzeugladen und üben sich dort ganz furchtbar in Geduld, während Ihr Kind alle Puppenwagen, Bobbycars, Laufräder etc. Probe fährt, diverse Spielsachen testet und ganz viel gaaaanz lange anschaut. Kleinen Kindern macht es übrigens nichts aus, den Laden nach ein bis zwei Stunden ohne einen einzigen Legostein wieder zu verlassen. Mit größeren Kindern sollten Sie vorher absprechen, dass es entweder nichts gibt oder nur eine Kleinigkeit oder etwas vom Taschengeld gekauft werden darf.

Auf jeden Fall sollten Sie schon mit dem Kleinkind regelmäßig in die Bücherei gehen: endlich mal in Ruhe Bücher angucken und die besten ausleihen. Auch Sie selbst können sich auf diese Weise mit der Kinderliteratur vertraut machen und Anregungen für die eigene Bibliothek im Kinderzimmer suchen. Denn Bücher gehören unbedingt zur Quality Time dazu. Erschreckende 42 % aller Eltern lesen nicht regelmäßig vor – dabei macht es Spaß und ist soo wichtig (Spracherwerb! Lesekompetenz!). Außerdem kann man in der Bücherei auch Hörspiele und sogar Spiele ausleihen!

Kinderkurse

Es fängt im Säuglingsalter mit Babymassage, Babyschwimmen und PEKiP an und geht dann nahtlos weiter mit »Musikgarten« für Krabbelkinder, Frühenglisch und dem Science-Lab. Und dann natürlich Ballett, Judo, Reiten, Klavier, Theater …

Muss man das machen? Sollte man das seinem Kind nicht gönnen? Alles ermöglichen? Aber was ist sinnvoll, was überflüssig und was zu viel?

Natürlich muss das jede Mutter für sich bzw. für ihr Kind beantworten. Grundsätzlich gilt: Gut ist, was dem Kind Spaß macht, alles andere sollte man sofort einstellen oder gar nicht erst anfangen. Und zu viele Termine sollten es nicht sein – für Kinder unter sechs reichen ein, maximal zwei feste Termine pro Woche, sonst fehlt Zeit für spontane Verabredungen mit Freunden. Ein paar Hilfestellungen:

Sport: Da Kinder sich heutzutage meist zu wenig bewegen, sind Sportkurse zu befürworten, solange sie nicht zu sehr leistungsorientiert sind. Für Kinder unter vier bedeutet Sport eigentlich immer Kinderturnen mit Mama. Ab vier können die Kinder ihre Kurse meist allein besuchen. Viele Mädchen wollen zum Ballett, was allerdings ziemlich teuer ist. Fragen Sie beim örtlichen Sportverein, dort werden häufig Ballett- oder Kindertanzkurse angeboten, die weniger professionell, dafür aber billiger und auch kindgerechter sind. Jungen lieben natürlich Fußball; versuchen Sie in Ihrem eigenen Interesse, den Ball flach zu halten, sonst finden Sie sich jedes Wochenende auf einem zugigen Sportplatz wieder – vom Mannschaftstrikotwaschen ganz zu schweigen. Eine gute Alternative ist Judo oder Karate, übrigens auch für Mädchen (ab etwa fünf Jahren), da finden die Wettkämpfe wenigstens drinnen statt …

Fremdmutter: Sophie geht jetzt einmal die Woche zum Mandarin-Kurs.
Supermom: Mandarin? Sophiechen? Mit zwei?
Fremdmutter: Na hör mal, die Chinesen werden den Markt der Zukunft beherrschen, da muss man die Kinder vorbereiten.
Supermom: Mit einem Mandarin-Kurs?
Fremdmutter: Ja, und nächstes Jahr wollen wir auch sechs Wochen Urlaub in China machen, da wird das Erlernte gefestigt.

Musik: Ist ohne Frage wichtig, und tatsächlich haben Studien ergeben, dass viele Eltern gar nicht vorsingen. Singen Sie also, was das Zeug hält, aber lassen Sie sich nicht verrückt machen, wenn andere Mütter mit ihren einjährigen Kindern schon zur Musikschule gehen. Wenn Ihr Kind dann mit vier Interesse an einem Instrument oder am Chorsingen zeigt, wäre es toll, wenn es die Chance bekäme, sich auszuprobieren. Leider sind alle Musikkurse recht teuer. Am günstigsten sind die Staatlichen Musikschulen, hier gibt es allerdings oft ellenlange Wartelisten. Erkundigen Sie sich, und melden Sie Ihr Kind ruhig schon mal vorsorglich an. Es gibt immer erst eine Schnupperstunde, bevor man sich endgültig entscheiden muss.

Frühes Fremdsprachenlernen: Oh Gott, die Zeitfenster! Wieder eins verpasst, und das Kind ist doch erst ein Jahr alt. Man weiß gar nicht, welchen Input man zuerst liefern soll. Auch hier gilt: entspannen, entspannen, entspannen. Wenn man sich aufmerksam mit seinem Kind beschäftigt, es nicht stundenlang fernsehen lässt, ein paar Lieder singt und regelmäßig gemeinsam Bücher anguckt, dann macht man schon einen ziemlich optimalen Job. Wenn Sie dann noch mal ein englisches Lied einfließen lassen – perfekt!
Einmal in der Woche zum Frühenglisch ist zwar zur Zeit sehr en vogue, bedeutet aber nicht, dass Ihr Kind damit einen besseren Start ins Leben bekommt und sich später super auf dem Börsenparkett behaupten kann. Wenn der Frühenglischkurs gut in Ihren Wochenplan passt, weil Sie in der Zwischenzeit zum Einkaufen gehen oder immer eine Freundin treffen UND Ihr Kind Spaß an einem solchen Kurs hat, vielleicht weil der beste Kumpel auch hingeht – dann spricht natürlich nichts dagegen. Aber erwarten Sie nicht zu viel davon.

Wenn Ihr Repertoire an englischen Kinderliedern eher eingeschränkt ist: Eine CD kann helfen (siehe Tipps auf S. 78)!

Naturwissenschaft für Kinder: Auch solche Kurse werden schon für Vierjährige angeboten. Warum bleiben Luftballons an der Wand kleben, wenn man sie vorher reibt? Was schwimmt und was nicht? Wo kommt der Regenbogen her? Kinder sind neugierig und stellen viele Fragen, und wenn sie beantwortet werden: super. Trotzdem müssen sie deshalb nicht gleich einen Kurs besuchen. Viel mehr würde sich Ihr Kind wahrscheinlich freuen, wenn Sie ihm einen Experimentierkasten zum Geburtstag schenken und gemeinsam Steine, Korken, Holzstückchen und Murmeln ins Wasser werfen, um zu sehen, was schwimmt (siehe Tipps S. 78 f.). Aber hier gilt das Gleiche wie beim Frühenglisch: Wenn das Kind Lust zu einem Science-Kurs hat (und wenn Ihnen das Geld nicht zu schade ist), nur zu! Mit Sicherheit fördert es die Konzentration und den Spaß am Nachfragen.

Abb. Montag Sport, Dienstag Musik, Mittwoch Naturwissenschaft

HILFE, ICH HABE …

Feierabend-Katatonie

Puh, heute mal wieder alles gegeben in Sachen malen, basteln, vorlesen. Jetzt schläft das Kind, die Küche ist aufgeräumt – diesen Moment haben Sie herbeigesehnt! Endlich kann Ihr Tag beginnen, Sie wollen noch Fotos einkleben, eine DVD gucken, den neuen Krimi lesen, den Mann verführen … Aber einmal hingesetzt – klack – geht plötzlich gar nichts mehr. Eine bleierne Müdigkeit überfällt Sie, und alle Optionen, die dieser Abend mal hatte, werden getilgt durch einen einzigen Wunsch: gar nichts zu tun.
Was man tun kann: Nicht viel. Die meisten Abende mit einem Kleinkind werden so oder ähnlich verlaufen. Der Zustand der totalen Erschöpfung lässt etwas nach, wenn das Kind etwa vier Jahre alt ist. Bis dahin könnten Sie es mit einem Glas Prosecco versuchen, einem starken Espresso oder mit konkreten Verabredungen, die Sie einhalten müssen (z. B. Essen oder Kino mit Freunden).
Was man vermeiden sollte: Schalten Sie auf keinen Fall den Fernseher ein – sonst besteht die Gefahr der »akuten TV-Ausschalt-Hemmung« (siehe S. 95).

Hysterische Schockverliebtheit

Kann jederzeit auftreten: Wenn das Kind etwas besonders Entzückendes sagt oder tut. Vor allem aber setzt die Schockverliebtheit am späten Abend ein, wenn man sich noch mal ans Bett schleicht. Denn schlafende Kinder sehen aus wie Engel (Hilfe, ich erliege den Klischees!). Rote Pausbäckchen, verstrubbelte Haare, totale Entspannung – gibt es etwas Süßeres? Nein! Deshalb möchte man bei diesem Anblick sofort weitere drei bis vier Kinder (Hilfe, ich muss verrückt sein!) und bekommt gleichzeitig irrsinnige Angst, dass dem kleinen Engel irgendwann irgendetwas zustößt (Hilfe, ich habe Panikattacken!).
Was man tun kann: Immer ein Taschentuch für die Tränen

HILFE, ICH HABE …

der Rührung bereithalten sowie eine Kamera bzw. ein Notizbuch, um alle bewegenden Momente festzuhalten.
Was man vermeiden sollte: Überstürztes Handeln im Affekt. Viele Kinder sind super, aber die Entscheidung dafür sollte niemals am Bett eines schlafenden Babys getroffen werden.

Habituelles »Ich-rede-wie-Supermami«-Syndrom

»Och, Schatzilein, süßes kleines Haselinchen, soll Mama mal dein Aua am Äuglein wegpusten?« Haha, so werde ich niemals mit meinem Kind reden. Dachte man. Aber dann ist man stundenlang allein mit dem Baby und denkt sich vor lauter Langeweile (offiziell) und ungeahnter überbordender Zuneigung (inoffiziell; s. o.) die unglaublichsten Kosenamen aus. So fängt es an. Und natürlich redet man von sich in der dritten Person, und natürlich sagt man bald »das Aua« statt »Verletzung« und »Heia machen« statt »schlafengehen« und »A-a« statt »Stuhlgang«, und natürlich übernimmt man später die ach-so-süßen ersten Sprechversuche des Kindes wie »Wats« (= Saft), »Lulli« (= Schnuller) oder »Tets« (= Keks). Und plötzlich sagt man den ganzen Tag solche Sätze: »Nein, Schnuckelinchen, Tets gibt es jetzt nicht mehr. Du gehst doch gleich Heia machen. Ja, genau, dann gibt's auch den Lulli. Soll Mama dir denn noch Wats machen, mein Süßerchen?« Übertrieben? Vielleicht ein bisschen …
Was man tun kann: Also, unter Ausschluss der Öffentlichkeit können Sie Ihre bis dato unbekannte Supermami-Seite voll ausleben (ist ja nur eine Phase!). Ihrem Kind zuliebe (Spracherwerb!) sollten Sie allerdings irgendwann anfangen, korrektes Deutsch zu sprechen.
Was man vermeiden sollte: Jeglichen Mami-hat-dich-lieb-Text in Gegenwart von Außenstehenden. Selbst bei Mit-Müttern hält sich die Toleranz für o. a. Sätze in sehr engen Grenzen.

BÜCHER UND MEHR

Fürs Kind

Kinder lieben *Geräusche* und so wird Ihr Kind begeistert sein, wenn Sie sich mal in Ruhe mit ihm hinsetzen und einfach verschiedenen Geräuschen lauschen – von CD: In der Reihe Sieh mal! Hör mal! (Jumbo). Zu verschiedenen Themen (Wald, Zoo, Stadt, Bauernhof) gibt es jeweils ein Pappbilderbuch mit CD.

Sparen Sie die Gebühr fürs Krabbelkindersingen, investieren Sie lieber in gute *Liederbücher*. Alte Kinderlieder neu entdeckt von Dorle Ferber (Ökotopia) bietet nicht nur Liedertexte und Noten, sondern auch Reime, Geschichten und Anregungen zum Basteln. Auf den ersten Blick ein bisschen altbacken-öko, aber wie alle Bücher dieses Verlags liebevoll gemacht und voller Schätze (dazu gibt es auch eine CD).

Wer kennt schon alle Texte und Melodien der *Bewegungslieder und Fingerspiele*? Hilfe finden Sie auf der CD Komm sing' und spiel' mit uns (nur im Internet unter www.kleinerraeker.de zu bestellen). Die Ansprache und Gesangstonlage ist zwar etwas gewöhnungsbedürftig, aber es soll ja vor allem den Kindern gefallen …

Das Ganze geht natürlich auch auf *Englisch*: Head and shoulders, knees and toes zum Beispiel ist ein echter Hit. Der Markt ist geradezu überschwemmt mit entsprechenden CDs und Büchern – sehr gut ist Singlish 1 und 2 (PONS): Booklet mit Übersetzung, angenehme Stimmen und gute Liederauswahl.

Anfänger-*Experimentierkästen* gibt es zu verschiedenen Themen zum Beispiel von Kosmos (Erste Experimente) oder Ravensburger (Meine ersten Experimente). Laut Altersangabe ab 5; allerdings gehen die Hersteller davon aus, dass die Kinder sich allein mit dem Material beschäftigen. Wenn Sie

BÜCHER UND MEHR

sich mit dem Kind zusammen den Wissenschaften widmen, können Sie die Experimente locker auch schon mit Vierjährigen durchführen.

Gute *Spiele* für kleinere Kinder sind selten. Lohnenswert ist auf jeden Fall die Anschaffung der Sammlung 4 erste Spiele und Ich spiele einkaufen (beide ab 3; Ravensburger). Auch das Spiel Obstgarten (Haba) macht schon Dreijährigen Spaß, es ist allerdings sehr kleinteilig und entsprechend teuer. Ein Klassiker ist natürlich Lotto: entweder mit Karten zum Anlegen (ab 2) oder mit großen Platten und Karten zum Auflegen (heißt u. U. auch Bingo; ab 1 ½). Auch mit Memory können schon Zweijährige ihren Spaß haben. Zuerst wird »offen« gespielt, d. h. die Kinder suchen einfach die Paare raus. Dann kann man den Schwierigkeitsgrad steigern und zuerst wenige Karten verdeckt hinlegen. Mit vier Jahren gewinnen die meisten Kinder dann locker gegen ihre Eltern. Egal ob Lotto, Bingo oder Memory: Kaufen Sie auf keinen Fall die teuren Ausgaben mit Holz-»Karten«, Pappe tut's völlig! Und: Je klarer die Bilder, desto besser.

Für Supermom
Wenn Sie mal wieder das Gefühl haben, zu wenig Quality Time mit Ihrem Kind zu verbringen, dann lesen Sie Tagebücher einer Nanny von Emma McLaughlin und Nicola Kraus (Goldmann). Die beiden Ex-Nannys haben ihre Erfahrungen in Familien der New Yorker Upper Class zu einem Roman verarbeitet. Trotz aller Komik bekommt man Mitleid mit den Kindern der Superreichen, die nur von Termin zu Termin chauffiert werden und als einzige Bezugsperson ihre Nanny haben. Und nach der Lektüre fühlt man sich selbst gleich viel mehr als Supermom.

04 DER ALLTAG

04 DER ALLTAG

Altes Leben

Im Büro stapelt sich die Arbeit, und einkaufen muss man auch noch. Na ja, wird abends auf dem Weg nach Hause erledigt. Dort wartet lästige Hausarbeit: Frühstücksgeschirr abwaschen, einmal durchs Waschbecken wischen, mal wieder durchsaugen könnte auch nicht schaden, und natürlich die Wäsche. Zwei Maschinen pro Woche müssen schon sein. Puh. Jetzt noch kochen? Och nee, lieber kurz zum Italiener.

Vision

Wenn ich Teilzeit arbeite, bin ich ja den halben Tag zu Hause. Da kann man in Ruhe den Haushalt erledigen. So viel können die Zwerge schließlich nicht dreckig machen. Und Einkaufen wird eine hübsche Abwechslung zum Spielplatz – und macht mit Kindern sicher viel mehr Spaß.

Neues Leben

Man hetzt morgens zur KiTa und von dort ins Büro. Mittags (je nach Betreuungsmodell zwischen 12 und 15 Uhr) auf dem umgekehrten Weg zurück. Essen hätte man am besten gestern Abend schon gekocht, aber da war man ja wieder so entsetzlich müde. So müde übrigens, dass man auch – wieder! – nicht aufräumen konnte. Eine Waschmaschine am Tag ist Minimum, wenn man nicht von schmutzigen Socken und schlimmeren Dingen träumen will. Damals, im sauberen Büro zwischen lauter Erwachsenen, hätte man ja nie geahnt, WAS alles unordentlich und dreckig werden kann, wenn man sich nachmittags mit einem Kind zu Hause aufhält. Einkaufen kann man nur so viel, wie man tragen kann, wenn man außerdem auch noch ein strampelndes Kind auf dem Arm hat. Ach ja, und die Italiener-Option fürs Abendessen entfällt natürlich.

Das bisschen Haushalt

Solange man berufstätig und kinderlos ist, besteht das Leben nur aus Job und Freizeit. Im günstigsten Fall macht die Arbeit Spaß und bietet Herausforderungen, die Kollegen sind nett, und man kann gegen Abend mehr oder weniger sorglos in den Feierabend gehen.

Wenn man dann wieder anfängt zu arbeiten, stellt man sehr bald fest, dass man nun zwei Leben lebt. Eins im Büro für den Job und eines zu Hause für das Kind. Und irgendwo dazwischen die Hausarbeit. Einkaufen, kochen, putzen, Wäsche waschen – so Lappalien halt, die früher tatsächlich zwischendurch erledigt wurden. Aber alles »Zwischendurch« ist bereits angefüllt mit 1001 anderen Dingen – und außerdem hat sich die Hausarbeit explosionsartig vermehrt: Erstens gibt es jetzt eine Person mehr, die zweitens zehnmal so viel dreckig macht, drittens absolut alles überall verteilt und viertens rein gar nichts aufräumt. Außerdem halten sich nachmittags zwei Personen in der Wohnung auf, die früher um diese Zeit leer und unberührt blieb. Keine Bewohner da = keine Unordnung. Zwei Bewohner da = Mega-Chaos. Klingt unglaublich, ist aber wahr.

MUT ZUM SPIESSERTUM!

Nein, spießig wollte man auf keinen Fall werden mit Kind, sondern im Gegenteil möglichst cool bleiben. Trotzdem weggehen, Freunde treffen – auf keinen Fall das Leben nach dem Kind ausrichten. Geht nur leider nicht immer. Einmal länger aufbleiben wird vom Kind mit Nerverei nicht unter zwei Tagen bestraft, was bei den Eltern wiederum zu mittelschweren Ausfällen im Büro führen kann – und überhaupt scheint das alles gar nicht zu klappen mit dem lässig-spontanen Yuppie-Plus-Leben. Man kommt zu nichts mehr, weil ein dreijähriger Tornado bis 21 Uhr durch die Wohnung

tobt. Man kann nichts planen, weil man nie weiß, wann und ob das zweijährige Nicht-mehr-Baby mittags überhaupt schläft. Was tun?
Leben nach der Stechuhr mit kleinen Fluchten: Punkt 7 Uhr Frühstück, 12:30 Uhr Mittagessen, 13 bis 14 Uhr Mittagsruhe, 18 Uhr Abendessen, danach ins Bett. Abweichungen von mehr als 30 Minuten unerwünscht. Oh, wie klingt das spießig! Aber wenn man mit Kind und Job möglichst stressfrei leben will, dann schafft man mit so einem Tagesplan die wichtigste Grundvoraussetzung. Die Zeiten müssen Sie natürlich Ihren Bedürfnissen anpassen. Überlegen Sie gemeinsam mit dem Mann, welche Regelung sinnvoll ist. Wenn er erst um 19 Uhr nach Hause kommt, wäre es natürlich schade, wenn das Kind dann schon schläft. Dann macht es eben einen längeren Mittagsschlaf und kann dafür abends länger wach bleiben. Die Kehrseite der Medaille: Je später das Kind ins Bett geht, desto weniger freie Zeit haben Sie für sich. Ein Kind, das um 19 Uhr schläft, bringt Ihnen den Luxus eines langen freien Abends – allerdings werden Sie dann auch morgens früher geweckt. Wahrscheinlich müssen Sie ohnehin zeitig aufstehen, um das Programm Anziehen-Frühstück-zur-KiTa-zur-Arbeit ohne größere Schweiß- oder Zornausbrüche hinzukriegen.

Supermom:
Soll ich dein Brot durchschneiden?
Kind: Ja.
Supermom: Okay.
Kind: Nein, doch nicht.
Supermom: Jetzt habe ich aber schon …
Kind (fegt Brot vom Tisch): Neiiiiiin!!!!!!!

Achtung, jetzt wird es noch spießiger: Wenn Sie den Tag für sich und Ihre Familie strukturiert haben, hängen auch alle anderen Termine davon ab. Wenn Sie für 18 Uhr das Abendessen anberaumt haben, müssen Sie bei Verabredungen mit anderen Kindern bedenken, dass Sie Ihr Kind spätestens um 17:30 Uhr wieder abholen, um rechtzeitig zum Essen wieder zu Hause zu sein. Und Sie müssen sich darauf einstellen, dass Ihr Kind auch am Wochenende gegen 7 Uhr Action fordern wird. Fügen Sie sich in Ihr Schicksal – der Satz: »Hey, es ist Sonntag, schlaf doch noch ein bisschen!« wird auf wenig Verständnis stoßen.

Abb. Stundenplan

01 Feste Mahlzeiten
02 Arbeiten/Kindergarten
03 Ruhezeit Kinder
04 Spielen/Hausarbeit
05 Abfertigung Kinder
06 Zeit für Sie
07 Schlafzeit alle

DER ALLTAG

Die Errungenschaft namens Wochenende weiß das Kind frühestens mit der Einschulung zu schätzen. Bis dahin gilt: Tagesstrukturen funktionieren nur, wenn man sich einigermaßen sklavisch daran hält. Dann allerdings wird man auch mit einem »funktionierenden« Kind belohnt. Es schläft z. B. verlässlich um 19 Uhr, und Sie wissen definitiv, dass Sie um diese Zeit in Ruhe telefonieren, die morgige Konferenz vorbereiten oder sich ein ausgiebiges Bad gönnen können! Wenn Ihnen das jetzt zu sehr nach Vorortsiedlung und Draußen-gibt's-nur-Kännchen klingt – keine Sorge: Zwischen diesen festen Strukturen gibt es genug Platz für Spontaneität. Sie können das Essen zu Hause, beim Italiener oder im Park einnehmen. Es kann Königsberger Klopse oder auch einfach nur ein großes Eis geben. Das Kind kann seinen Mittagsschlaf im Bett machen, im Auto, im Buggy oder am Strand – Hauptsache, die Zeiten bleiben gleich. Und Weihnachten oder beim großen Familienfest wird dann natürlich wirklich die Ausnahme zelebriert: Alle dürfen aufbleiben, bis sie im Stehen einschlafen – und im Idealfall sind Oma und Opa am nächsten Morgen zugegen, denn die Kinder werden garantiert auch »am Tag danach« um halb sieben auf der Matte stehen.

Putzen wie bei Muttern?

Ja, schon wieder macht sich Spießertum breit, aber auch für einige Haushaltsaufgaben sollte man einen Zeitpunkt festlegen, denn sonst sieht es eben irgendwann aus wie »bei Hempels unterm Sofa«. Oft hat man einfach nur ein Timing-Problem: Wenn man abends ins Bett fällt und stöhnt: »Oh nein, wieder nicht geschafft, das Waschbecken zu putzen!«, bedeutet das ja nicht, dass man keine Zeit hat, das Waschbecken zu putzen. Das dauert nur zwei Minuten, und die hätte man bei allem Stress noch gehabt. Aber man hat es nicht geschafft, weil man den Zeitpunkt nicht gefunden hat. Nach dem Essen? Och nee. Vor dem Schlafengehen?

Auf keinen Fall. Wenn das Kind Mittagsschlaf hält? Erst recht nicht.
Also lieber immer nach dem Essen alles wegräumen, jeden Morgen vor der Arbeit das Waschbecken putzen, sonntags beim Tatort die Bügelwäsche erledigen. Wenn Sie das einfach mal drei Wochen lang durchziehen, dann geht es wahrscheinlich bald automatisch – und man muss sich über einige Dinge schon mal keine Gedanken machen. Und wenn Sie manche Putzaufgaben nicht vor Feierabend erledigt haben: Licht aus, liegen lassen, auf morgen verschieben! Relaxen, fernsehen, lesen – alles ist dann wichtiger als ein dreckiger Küchenfußboden.

Delegieren

Sie hassen Hausarbeit? Sie sind eine emanzipierte Frau? Sie wollten niemals auch nur eine einzige Männersocke wegräumen? Auch wenn es antiquiert klingt: Wenn Sie Teilzeit arbeiten und Ihr Mann Vollzeit, wird der Putzjob hauptsächlich an Ihnen hängen. Die Alternativen wären: Sie machen abends zusammen das Bad sauber (sehr unerotisch), und/oder Sie verbringen das wertvolle Wochenende mit Streitereien à la: Wer macht was sauber, wohin mit dem Kind, und wann soll man dann bitteschön noch den geplanten Ausflug machen (sehr unharmonisch)?
Aber natürlich soll sich auch der Vollzeit arbeitende Mann in den Haushalt einbringen: Müll runterbringen, Altpapier und Altglas entsorgen sind klassische Männeraufgaben, also bitte. Wahrscheinlich müssen Sie auf die Überfüllung der entsprechenden Behälter hinweisen (er sieht es wirklich nicht!). Auch den Wocheneinkauf sollten Sie an Ihren Mann delegieren (siehe S. 101). Ferner ist er mit zuständig für alle Hausarbeiten, die während seiner Anwesenheit anfallen. Wenn Sie UND Ihr Mann Teilzeit arbeiten, gilt sowieso Teil-Zeit auch für alle Putz- und Aufräumjobs. Wundern Sie sich aber nicht, wenn das nicht immer klappt und das

⚠

Setzen Sie sich eine Deadline für sämtliche Arbeiten – am besten gemeinsam mit dem Mann. Sonst legen Sie um 21 Uhr noch Wäsche zusammen, er macht die Steuern (oder andersrum), und kurz vor Mitternacht fallen beide komatös ins Bett. Schlechte Voraussetzungen für das Leben als Paar (siehe auch S. 113 & 126) und die allgemeine Zufriedenheit.

Frühstücksgeschirr noch unberührt auf dem Tisch steht, wenn Sie von der Arbeit kommen. Die Ordnungsgene liegen definitiv nicht auf dem Y-Chromosom, aber vielleicht kann die Medizin hier eines Tages helfen.
Auch größere Kinder können natürlich schon im Haushalt helfen. Bedenken Sie aber, dass das wirklich sehr überschaubare Aufgaben sein müssen (z. B. Tisch abräumen oder Waschbecken putzen) – und seien Sie nicht enttäuscht, wenn es nicht klappt. Denn dabei geht es weniger darum, Sie zu entlasten, als vielmehr darum, dem Kind beizubringen, dass es auch gewisse Pflichten hat.
Und dann gibt es natürlich auch noch Putzfrauen. Mal ganz abgesehen von der Geldfrage, scheiden sich hier rein ideologisch die Geister: Die einen finden es großartig, wenigstens einmal in der Woche nach Hause zu kommen und eine blitzblanke Wohnung vorzufinden. Die anderen fühlen sich unwohl, wenn eine fremde Person im eigenen Haushalt »rumfuhrwerkt«. Wenn Sie zu der ersten Gruppe gehören und das Geld irgendwie erübrigen können: Tun Sie es! Wenn eine Putzfrau dazu beiträgt, den Alltag zu erleichtern und vielleicht dafür sorgt, dass Sie so viel entspannter Zeit mit Ihrem Kind und/oder dem Mann verbringen können – super! Wenn Sie zur zweiten Gruppe gehören: Lassen Sie es! Wenn Ihnen Hausarbeit nicht so viel ausmacht, investieren Sie das Geld lieber in eine neue Klamotte.

Vermeiden Sie unbedingt, Ausdrücke wie »gewisse Pflichten« in der Öffentlichkeit zu benutzen; Sie wollen schließlich nicht klingen wie Fräulein Rottenmeier aus »Heidi« (siehe auch S. 48).

Kinder-Arbeit

Und was Sie nicht delegiert haben, erledigen Sie möglichst mit Kind: Damit Sie auch wirklich ab etwa 20 Uhr Zeit für sich, Ihren Mann oder ein gutes Buch haben. Kinder lieben Hausarbeit! So steht es in vielen Ratgebern. Das stimmt: Kinder lieben Staubsaugen – für etwa drei Minuten. Kinder lieben Wäscheaufhängen – etwa fünf Socken lang. Kinder lieben Aufräumen – einmal im Monat. Sie waschen natürlich gerne ab, wenn sie dabei keine Rücksicht auf Kleidung,

Fußboden und Geschirr nehmen müssen. Sie kochen mit Begeisterung, wenn sie dabei wild und unkoordiniert im Topf rumrühren dürfen. Und sie würden sofort beim Badputz helfen, wenn sie dabei alles mit der Toilettenbürste abschrubben könnten.
Tja, erwarten Sie also nicht, dass Ihr Kind zu einer Haushaltshilfe mutiert. Aber mit einigen Tricks kann man die Kleinen zumindest beschäftigen, während man selbst die Hausarbeit erledigt.

Lassen Sie Ihr Kind nicht aus den Augen, vor allem wenn Reinigungsmittel, scharfe Messer oder wacklige Stühle im Spiel sind!

Spülmaschine ausräumen: Nehmen Sie zuerst den Besteckbehälter raus, damit das Kind nicht plötzlich das scharfe Küchenmesser rauszieht. Lassen Sie sich dann die Teller etc. anreichen. Wenn mal etwas zu Bruch geht: Nicht schimpfen. Ein bisschen Schwund muss man einkalkulieren. Besonders wertvolle oder zerbrechliche Stücke nehmen Sie gleich zu Anfang selbst heraus. Plastikteller und -becher darf das Kind ganz allein wegräumen. Schaffen Sie dafür einen Platz im Unterschrank, Ihr Kind wird stolz sein, wenn es seine eigenen Teller an den richtigen Platz räumen kann.

Staub wischen u. Ä.: Ein eigenes Staubtuch wird Ihr Kind nicht sonderlich vom Hocker hauen – vor allem nicht, wenn Mama mit interessanten Reinigungsmitteln hantiert. Aber die meisten Kinder lieben Feuchttücher. Kaufen Sie eine billige Sorte, und gestatten Sie Ihrem Kind von Zeit zu Zeit, sich damit für den Hausputz auszurüsten. Machen Sie ein bisschen Werbung: Willst du ein eigenes Tuch haben? Dann kannst du dein Regal sauber wischen! Vielleicht haben Sie Glück und Ihr Kind ist begeistert.

Bad putzen: Bestimmt findet auch Ihr Kind Wasser ganz großartig. Versuchen Sie, diese Faszination zu nutzen: Das Kind darf das Waschbecken putzen. Ärmel hochkrempeln, auf einen sicheren Tritt stellen, Wasserhahn ganz leicht aufdrehen. Natürlich bekommt es den Originalschwamm – alles andere würde sofortigen Protest hervorrufen. Und dann darf gewischt werden. Schlimme Wasserschäden können dabei eigentlich nicht entstehen, solange der Wasserhahn wirklich nur leicht aufgedreht bleibt. Natürlich müssen Sie trotzdem die ganze Zeit mindestens ein halbes Auge auf die Waschbecken-Szenerie haben, aber mit den anderen eineinhalb Augen lässt sich locker in zehn Minuten der komplette Badputz erledigen. Falls die Methode nicht klappt, können Sie auch hier den Feuchttücher-Trick ausprobieren.

Abwaschen und mehr: Auch den Abwasch können Sie erledigen, indem Sie die Wasserfaszination des Kindes ausnutzen. Es darf sich auf einen Stuhl an die Spüle stellen, die Ärmel hochkrempeln und eine Spülbürste zur Hand nehmen. Erklären Sie, dass Sie erst dran sind, und waschen Sie zumindest die essentiellen Teile zügig ab. Dann überlassen Sie dem Kind das Terrain. Wichtig: Das Spülbecken darf nicht voll Wasser sein, der Stöpsel muss raus, das Wasser in einem dünnen Strahl aus dem Hahn laufen. In der Spüle sollten sich ein bis zwei unkaputtbare Dinge befinden. Die dürfen abgewaschen, mit Wasser gefüllt, umgekippt, wieder gefüllt werden usw. Wasserverschwendung? Ja, aber Duschen ist auch Wasserverschwendung, also verschwenden Sie daran besser keinen Gedanken und versuchen, in der gewonnenen Zeit Ihren Abwasch abzutrocknen und im Schrank zu verstauen. Achtung: Kind immer sichern, vor allem, wenn es auf einem Stuhl steht!

Abb. Triathlon

01. Schnell sein

Sie müssen Ihren Job erledigt haben, bevor das Kind sich entweder ins Unerträgliche quengelt oder sich in Gefahr bringt. Kinder sind Meister darin, im unpassendsten Moment auf wacklige Stühle zu klettern, die falschen Sachen in den Mund zu stecken oder in Sekundenschnelle mehr zu verwüsten, als Sie aufräumen können.

02. Geduldig sein

Wenn das Kind wirklich richtig mithelfen will, sollte man es so gut wie möglich unterstützen. Auch wenn es dauert und dauert. Gönnen Sie dem Kind dann auch die Zeit, die es braucht. Was macht es schon, wenn es minutenlang dieselbe Stelle saugt? In dem Moment ist es ein Spiel – und da das Kind Ihr Spiel (Hausarbeit!) mitspielt, sollten Sie auch seines mitspielen. Also lassen, etwas assistieren und viel loben. Bald wird auch saugen langweilig, und Sie kriegen Ihr Spielzeug zurück.

03. Nicht beirren lassen

Wenn Sie sich vorgenommen haben, die Betten zu beziehen, aber Ihr Kind zieht und zerrt an Ihnen: Erklären Sie freundlich und unermüdlich, dass Sie jetzt erst die Betten beziehen und dann spielen. Wahrscheinlich wird das Kind sich bald in sein Schicksal finden und irgendeine Beschäftigung suchen. Wenn Sie fertig sind und es friedlich spielt: Nicht stören. Nutzen Sie diese Zeit für weitere »Erledigungen«. Aber: Sobald sich Ihr Kind dann an Sie wendet und »spielen« einfordert, müssen Sie tatsächlich alles stehen und liegen lassen und mitgehen. Versprochen ist versprochen!

Wenn Ihr Kind groß genug ist, sich eine Zeit lang unfallfrei allein zu beschäftigen, machen Sie eine klare Ansage. Zum Beispiel: Nach dem Mittagessen gehst du eine halbe Stunde spielen, und ich räume so lange auf. Oder: Ich muss jetzt Staub saugen und wischen, danach kann ich mit dir ein Spiel spielen. Das Kind wird diese Regelung schnell akzeptieren. Und wenn Sie mit dieser Ansage Empörung ernten, könnte Ihr Standardtext lauten: »Wenn Du mir hilfst, geht es schneller!« So schaffen Sie sich immer wieder Freiraum, um die lästige Hausarbeit vor dem Abend zu erledigen.

Es gibt allerdings auch einige Dinge im Haushalt, die nur gemacht werden können, wenn das Kind »weit weg« ist. Sehr langwierige Dinge mit Gefahrpotential (z. B. Fenster putzen), Reinigungsaktionen mit scharfen Putzmitteln und/oder großer Schweinerei (z. B. Abfluss reinigen) und anspruchsvolle Vorhaben, die einen schon ohne Kinder an den Rand des Nervenzusammenbruchs bringen können (z. B. eine mehrstöckige Torte backen). Wenn Sie zur Arbeit gehen, während Ihr Kind betreut wird, bleibt für solche Aufgaben meist nur das Wochenende. Damit Sie sich dann nicht wechselseitig mit Ihrem Mann Kinder bzw. nervige Hausarbeit aufs Auge drücken, sollten Sie sich hier in Ruhe absprechen: Vielleicht hassen Sie Schwimmengehen, können aber beim Fensterputz toll meditieren, während Ihr Mann sehr gern mit den Kindern im Spaßbad rumtobt? Oder ist es umgekehrt? In jedem Fall hätten Sie so eine ideale Arbeitsteilung!

DAS MUTTERGEWISSEN RUFT

»Putzen mit Kind? Sollten wir nicht lieber was basteln?«

Kaum hat man sie aus dem Gewusel der Krippe oder des Kindergartens geholt, rückt man den lieben Kleinen zu Hause mit Staubsaugergetöse auf den Leib: Gerade berufstätige Frauen haben oft das Gefühl, wenn sie (endlich) Zeit für ihr Kind haben, müssten sie sich ihm auch voll und ganz widmen. Die Unordnung zu Hause nervt zwar, aber jetzt schon wieder das Kind »abschieben«, um den Flur zu saugen?

Wenn Sie sich zwischen Wäschebergen und Staubmäusen wohlfühlen: Lassen Sie's und machen Sie sich einen schönen Nachmittag mit Kind. Wenn nicht: Verschieben Sie das Saugen etc. nicht auf den Abend. Sie müssen sich gar nicht als Rabenmutter fühlen! Kleineren Kindern ist es meistens egal, ob sie Lego spielen oder »sauber machen«. Für sie ist alles ein Spiel. Größere Kinder gewöhnen sich schnell daran, dass sie sich mal eine Zeit lang allein beschäftigen, während Mama die Bude rockt. Und außerdem: Wenn Sie immer nur putzen und aufräumen, wenn die Kinder schlafen, denken sie, dass das über Nacht eine Fee besorgt hat! Niemand hat gesagt, dass man seine Kinder rund um die Uhr bespaßen muss. Da sein ist wichtig, zuhören, hingucken, anleiten, motivieren und – lassen. Natürlich auch spielen, aber nicht in einer Weise, die dazu führt, dass Sie abends bis zur Erschöpfung die Wohnung feudeln. Wichtig ist aber, dass Sie Ihre Versprechen immer einhalten. Also nicht puzzeln in Aussicht stellen und dann sagen »Hach, schon so spät, jetzt müssen wir aber Abendbrot machen!«

04 DER ALLTAG

HILFE, ICH HABE …

Persistente Misanthropie

Früher haben Sie abends stundenlang mit der Freundin telefoniert und immer gerne einen Plausch mit den Nachbarn gehalten. Jetzt wissen Sie nicht mal, ob Ihre Freundin noch dieselbe Nummer hat. Wenn das Telefon nach 20 Uhr klingelt, muss Ihr Mann Sie verleugnen. Sie trauen sich nicht, die Nachbarn um etwas Salz zu bitten, weil sie befürchten, dass diese Anfrage eine mindestens zehnminütige Unterhaltung zur Folge hätte. Minuten, die Ihre wertvolle Freizeit bedrohen.

Was man tun kann: Versuchen Sie es mit E-Mails statt Telefonaten, dabei bestimmen Sie selbst die Länge und Dauer. Verabreden Sie sich lieber gleich mit Freunden statt zu telefonieren, das löst auch das Problem der Feierabend-Katatonie (siehe S. 76). Wenn die beste Freundin nicht in derselben Stadt wohnt: Versuchen Sie, sich mindestens zweimal im Jahr gegenseitig zu besuchen. Und mit den Nachbarn plaudern Sie am besten tagsüber, dann findet das Gespräch nach wenigen Minuten ein garantiertes (und entschuldbares) Ende durch Gezerre und Gequengel des Kindes.

Was man vermeiden sollte: Sich zum Anrufen zwingen, dabei den Film sehen, den man nicht verpassen wollte, und noch einen Knopf annähen, um die Zeit optimal zu nutzen.

(Wieder) nichts geschafft

Seit 6:30 Uhr auf den Beinen, Büro, Supermarkt, KiTa hin und zurück, Kinderturnen, Abendessen – Tag vorbei. Dabei wollte man doch noch den Arzttermin machen, zur Post gehen, einen (!) Knopf annähen, den Balkon bepflanzen, die Wintermäntel auf den Dachboden bringen, die Kindersachen für eBay fotografieren. Alles nicht geschafft. Genauso wie gestern und vorgestern und eigentlich alle Tage davor.

Was man tun kann: Locker bleiben. Ein Glas Rotwein

HILFE, ICH HABE …

des Vergessens trinken. Vielleicht eine der Sachen (den Knopf …?) bei der Tagesschau erledigen und eine weitere (die Post) für den nächsten Tag so was von bereitlegen, dass sie praktisch als erledigt anzusehen ist.
Was man vermeiden sollte: Die To-do-Liste für den nächsten Tag um fünf weitere Punkte ergänzen.

Akute TV-Ausschalt-Hemmung

Man ist eigentlich schon verloren, wenn man den Fernseher einschaltet. Aber was soll man machen? Da hat man den ganzen Nachmittag geputzt, geräumt, gespielt. Bauklötze gestapelt und gefühlte hundertmal das ewiggleiche Bilderbuch angeguckt (»Ja, wer hat sich denn da in der roten Blume versteckt? Genau, der kleine bunte Schmetterling!«). Sand in der Wohnung verteilt, Sand weggesaugt. Leberwurstkrisen bewältigt, Kind in einer halbstündigen Operation in den Schlaf gesungen. Jetzt nur noch einschalten. Eine Verbindung zur Erwachsenenwelt! Nur sitzen und gucken. Keine Wörter lesen, keine Wörter sagen. Natürlich ist man viel zu müde, um einen kompletten Film zu verfolgen, deswegen wird gezappt. Talkshow, Quizshow, Soap, Comedy – leider viele Sendungen, für die man sich früher in Grund und Boden geschämt hätte. Aber man kann einfach nicht wieder ausschalten!!! Und dann ist es Mitternacht, und man schläft vor dem Fernseher ein. Neben dem Mann! Kann man tiefer sinken?
Was man tun kann: Fernbedienung verstecken, Fernseher verstecken, Fernseher verkaufen.
Was man vermeiden sollte: Den Satz: »Komm, wir gucken mal, was es so im Fernsehen gibt.«

HEINZELMÄNNCHEN HÄTT' MAN GERN

Es ist immer wieder aufs Neue erstaunlich und erschreckend, wie viel so unordentlich wird, wenn man sich mit einem Kind auch nur eine Stunde in der Wohnung aufhält. Und zwar gar nicht unbedingt, weil das Kind wie ein Partisane durch die Wohnung fegt und systematisch Chaos verbreitet. Sondern vielmehr, weil man selbst dauernd im mühsam antrainierten Sofort-wieder-Wegräum-Modus gestört wird, und deshalb in kürzester Zeit überall Dinge stehen, die da nicht hingehören. Was hilft? Auf die Gefahr hin, dass es schon wieder nach Mutter Beimer klingt: Disziplin hilft.

Aufräumen nicht aufschieben

Mit Kleinkind besonders schwierig. Nie zuvor musste man so viele Sachen »rauskramen«: Einen Becher, ach nee, der ist zu groß, lieber den hier. Einen Löffel, ich hatte doch vorhin schon einen … wo ist der jetzt bloß …? Die Socken, sicherheitshalber die Strumpfhose bereitlegen, Bauklötze zum Ablenken, ach, du willst lieber ein Buch … Trotzdem sollte man an dem Sofort-Wegräum-Gebot möglichst konsequent festhalten. Da diese Methode aber nicht verlässlich klappen wird, unbedingt auch noch das Immer-etwas-mitnehmen-Gebot befolgen: Da man sowieso nachmittags ca. 400mal die Wohnung durchquert, sollte man jeden Gang dazu nutzen, um eins dieser Dinge, das auf nicht nachvollziehbare Weise schon wieder an einen völlig falschen Ort geraten ist (Gummistiefel in der Küche? Suppenkelle in der Lego-Kiste?? Telefon auf dem Waschbeckenrand???), gleich wieder an den richtigen Platz zurückzubringen.

Partnerarbeit

Oft bildet der Mann ein Kernproblem in Sachen Aufräumen. Vielleicht haben Sie Glück gehabt, und Ihr Partner weiß, a) wie das Prinzip Wäschekorb funktioniert, b) wozu der

Schuhschrank angeschafft wurde und c) dass halbvolle Kaffeetassen nicht irgendwann heimlich in den Geschirrspüler fliegen. Dann lesen Sie beim nächsten Abschnitt weiter.
Ansonsten gilt: Ja, auch wenn sie wahnsinnig verantwortungsvoll und umsichtig sind, in puncto Aufräumen leiden die meisten Männer am akuten Peter-Pan-Syndrom. Sie ignorieren einfach, dass sie erwachsen sind, und hoffen, dass es vielleicht doch irgendwie so geht wie früher, als Mutti die Socken unter dem Bett hervorgekramt und gewaschen hat. Daran will man natürlich auf keinen Fall anknüpfen im 21. Jahrhundert, aber aufreiben will man sich auch nicht – man hat doch eh schon genug Stress. Entwickeln Sie daher eine feine Methode aus Toleranz und Taktik: Kleinere Schlampereien wie die Kaffeetasse im Kinderzimmer oder die Zahnbürste auf dem Waschbeckenrand räumen Sie einfach mit weg. Das stört keinen großen Geist, sagt auch Karlsson vom Dach. Dafür perfektionieren Sie in anderen Bereichen den Wink mit dem Zaunpfahl: Sie haben netterweise seine saubere Wäsche zusammengelegt, aber er räumt das Zeug nicht mal in den Schrank? Legen Sie den Wäschestapel konsequent auf seine Betthälfte – er muss sie wegräumen, sonst kann er sich gar nicht hinlegen.
Wenn er Schmutzwäsche generell auf dem Fußboden liegen lässt, legen Sie diese hübsch ordentlich auf den Stapel der sauberen Wäsche und erklären ihm freundlich, dass Sie davon ausgehen, dass er die Sachen noch mal anziehen will – sonst hätte er sie doch sicher in den Wäschekorb geworfen! Auch wenn sich Ihnen sämtliche Haare sträuben bei der Vorstellung, dreckige Männerunterhosen akribisch zusammenzufalten: Einen Versuch ist es wert! Wetten, dass Ihrem Liebsten diese Aktion so peinlich ist, dass er in den nächsten Wochen (fast) nichts mehr rumliegen lässt?

Playmobil-Gäste im Wohnzimmer?

Abgesehen vom Kinderzimmer sollte die Wohnung unbedingt von Kinderspielzeug aller Art frei gehalten werden. Natürlich wird Ihr Kind immer mal ein Buch mit in die Küche nehmen oder die Malsachen. Hier sollten Sie aber drauf bestehen, dass es die Sachen direkt danach (z. B. nach dem Essen) wieder zurück in sein Zimmer bringt. Und vor dem Zubettgehen nehmen Sie einen kleinen Korb o. Ä. und machen zusammen eine Runde durch die Wohnung: Alle Spielsachen »darf« das Kind in den Korb sammeln und ins Kinderzimmer zurückbringen. Für kleinere Kinder empfiehlt es sich, im Wohnzimmer und in der Küche jeweils ein Fach u. Ä. für eine geringe Menge Spielzeug (immer mal austauschen) freizuräumen. Das erhöht die Chancen auf entspanntes Kochen, einen Kaffee ohne Hektik oder auch mal ein geschreifreies Telefonat auf dem Sofa.

Problemzone Kinderzimmer

Kinderzimmer sehen natürlich nie so aus wie in »Schöner Wohnen«, sollen sie auch gar nicht. Und mit der vielfach erprobten Gnadenlos-Methode kann man die Unordnung in Grenzen halten und muss nicht jedes Mal beim Betreten des Kinderzimmers den klassischen Mutterseufzer ausstoßen, der da lautet – na? Natürlich: »Oh Mann, das sieht ja wieder aus hier!« (Die etwas unfeinere Variante: »Was ist denn das hier für ein Saustall!«)

Gnadenlos wegwerfen: Gehen Sie regelmäßig in Abwesenheit des Kindes durchs Kinderzimmer, und schmeißen Sie alles weg, was hässlich und/oder unbrauchbar ist: Inhalte aus Überraschungseiern, grässliche Untersetzer aus gebügelten Steckperlen, vollgemalte Malbücher, schrumpelige Kastanien, neun von zehn »Lachende Sonne über Blumenwiese«-Gemälden etc. Mit 90 %iger Wahrscheinlichkeit wird

Ihr Kind nichts davon vermissen, aber falls Sie Nachfragen befürchten, richten Sie ein geheimes Zwischenlager ein, wo Sie fragwürdige Sachen ein bis zwei Monate aufbewahren. Wenn Ihr Kind sie bis dahin nicht vermisst, werfen Sie sie endgültig weg.

Gnadenlos aussortieren: Alles, was Sie als überflüssig oder nicht wünschenswert erachten, kommt ebenfalls weg: Bücher, die Sie ohnehin nicht vorlesen wollen, unpraktische Klamotten von Tante Erna, laute Musikinstrumente, die nicht professionell bedient werden können, winzige Perlen, die ständig überall rumfliegen. Wenn Sie Skrupel haben, diesen Kram ebenfalls wegzuwerfen, packen Sie ihn in eine Flohmarktkiste. Aber nur wenn Sie wirklich ernsthaft erwägen, demnächst morgens um sechs einen Tapeziertisch im Nieselregen aufzubauen, um für 50 Cent unpädagogisches Kinderspielzeug zu verkaufen. Wenn Sie an dieser Stelle etwas anderes als ein eindeutiges »auf jeden Fall« im Sinn haben (etwa ein »mal sehen«), dann vergessen Sie den Flohmarkt-Plan und bringen Sie die Sachen zum Roten Kreuz.

Gnadenlos reduzieren: Alle Sachen, mit denen Ihr Kind nicht regelmäßig spielt, sollten vorübergehend »verschwinden«. Diesmal wirklich in eine Kiste packen und einfach mal ein paar Wochen in den Schrank stellen. So haben Sie erstens einen guten Trumpf für Krisensituationen und zweitens weniger Zeug im Kinderzimmer.

Gnadenlos ausmisten: Überprüfen Sie regelmäßig den Inhalt des Kleiderschranks: Alles, was zu klein ist, wird aussortiert. Ebenso das Spielzeug: Wenn Ihr Kind zu groß für Nach-

Supermom: Diese Stöcke, Verzeihung: Schwerter, können jetzt aber mal weg!
Kind: Nein.
Supermom: Aber sie müssen vielleicht nicht direkt neben deinem Bett liegen!
Kind: Doch.

ziehtiere, Steckpuzzle oder Stoffbücher ist – raus damit aus dem Kinderzimmer! Überlegen Sie sich, was Sie mit den Sachen machen. Wenn Sie alles fürs nächste Kind aufheben wollen, sortieren Sie es gleich in nach Größen beschriftete Kartons, und packen Sie diese so weg, dass sie keinen Schaden nehmen (Mottenpapier!). Wenn Sie die Sachen an Freunde oder Geschwister verschenken wollen, packen Sie regelmäßig Pakete – und schicken Sie sie auch ab. Wenn Sie sich entscheiden, die Sachen zu verkaufen, tun Sie das möglichst bald. Am unaufwendigsten ist es, den Kram im Secondhand-Laden abzugeben – gibt allerdings auch am wenigsten Geld. Mehr bekommt man auf dem Flohmarkt, aber das ist nicht jedermanns Sache (s. o.). Noch arbeitsintensiver ist es, alles zu fotografieren und bei eBay zu versteigern; das könnte sich aber am meisten lohnen.

Gnadenlos einsortieren: Jedes Spielzeug braucht seinen Platz, dann kann es auch besser aufgeräumt werden. Suchen Sie sinnvolle Aufbewahrungsorte: Lego & Co. am besten in große Kisten, Stofftiere kann man in Netze an die Wand oder unters Hochbett hängen. Bücher gehören in die unteren Regalfächer; Spiele mit kleinen Teilen in die oberen Fächer. Buntstifte bewahrt man am besten in unmittelbarer Nähe des Maltisches auf und so, dass das Kind sie genauso leicht hin- und wegräumen kann – z. B. in großen Bechern.
Achtung: Alles, was dem Kind oder dem Hausfrieden gefährlich werden könnte (Fingerfarbe, Schminke, Stempelkissen, Ketten, Wachsmalkreiden und Filzstifte), kommt entweder ganz oben in den Schrank oder in ein anderes Zimmer!

SHOPPEN? LEIDER NEIN: EINKAUFEN …

Früher, da spielte sich gutes Essen hauptsächlich im Restaurant ab, ein Ort, den Eltern nur noch zu hohen Feiertagen betreten. Jetzt muss man jeden Tag selbst für ernährungstechnisch wertvolles Essen sorgen (das Kind!), und die Mahlzeiten werden außerdem zum Höhepunkt des Tages geadelt (Partnerschaft!). Mal ganz abgesehen von Zwischenmahlzeiten und der Ausstattung für die Kindergarten-Brotdose. Plötzlich braucht man lauter Dinge, die man früher gar nicht im Haus hatte: Gurke, Bio-Koteletts, Erbsen, Mini-Wiener-Würste, ein Bataillon Joghurt, Mini-Bratwürste, geraspelten Käse, Dinkelkekse, Mini-Tomaten, Fischstäbchen, Mini-Pizza, Salzstangen ohne Salz aber mit Sesam, Mini … usw. Nicht selten wundert man sich abends, warum man in drei verschiedenen Läden war und trotzdem die wichtigste Zutat fürs Abendessen vergessen hat.
Wer Zeit sparen will, sollte auch fürs Einkaufen einen Plan machen. Damit man nicht täglich Kind, Buggy/Laufrad/Roller und riesige Einkaufstüten kilometerweit schleppen muss, könnte der Mann den Wocheneinkauf übernehmen. Manche Männer haben sogar Spaß daran, sich mit Kind und Kutsche jeden Samstag ins Getümmel zu stürzen. Machen Sie am besten eine Liste der Basics, die jede Woche neu besorgt werden müssen (Milch, Saft, Käse, Wurst, Windeln, Breigläser etc.). Und schreiben Sie auch auf die Liste, welche Sonderwünsche Sie haben … Sie werden selbst wissen, ob Ihr Göttergatte zu den inspirierten Einkäufern und vielleicht sogar Köchen gehört oder zur Mehrheitsfraktion, die die Frage: »Was wollen wir denn morgen mal essen?« entweder mit »Egal« oder mit »Wir können uns ja Pizza kommen lassen« beantwortet. Kann auch mal ganz romantisch sein – und Ihnen auch ein bisschen unverhoffte Entspannung bringen, aber die Betonung liegt hier auf mal.

Damit die Essensfrage Sie nicht jedes Mal zur Verzweiflung treibt, sollten Sie folgende Basics immer im Haus haben:

(Vorrats)Schrank

01. Couscous: geht schnell, ist nahrhaft, und Kinder mögen das matschige Gefühl im Mund. Außerdem kann man Gemüse darin verstecken!

02. Müsli: geht auch mal statt Mittagessen

03. Puddingpulver: warmer Pudding heilt die meisten Kinderbauchschmerzen sofort!

04. Mini-Kartoffelklöße: lustig! süß! gut gegen schlechte Laune!

05. Nudeln: keine Spaghetti! Eine Nudel sollte gut auf den Kinderlöffel passen, das spart jede Menge Schweinerei!

06. Kartoffelbrei: beliebte und sättigende Notbeilage, leider praktisch nährstofffrei

07. Mehl-Zucker-Backpulver: na klar, zum Kuchenbacken muss Supermom allzeit bereit sein!

08. 1–2 Gläser Babybrei: »größere« Kinder lieben diesen kleinen Rückfall in Babyzeiten – und es ist das beste und unbedenklichste Fertiggericht, das Sie kriegen können!

09. Haferflocken: machen praktisch jedes Essen gleich ein bisschen nahrhafter; kann man in Soßen, Kartoffelbrei, Joghurt etc. geben

Abb. Gut bestückt

Kühlschrank

10. Joghurt: immer noch der beste Nachtisch und mit Haferflocken ein super Frühstück für essfaule Morgenmuffel

11. Kleine Bratwürstchen: geliebt, schnell fertig und vielleicht ein Argument, auch das ungeliebte Gemüse zu essen

12. Eier: für schnelles Rührei und zum Kuchenbacken, gegen Langeweile

13. Milch: für Müsli und Pudding und Kakao und-und-und

14. Schinkenwürfel: Protein-Plus für Nudelsoßen, Aufläufe, Rührei etc.

Tiefkühltruhe oder Gefrierfach

15. Broccoli: akzeptiert bei Kindern; tiefgekühlt besser als aus der Supermarktfolie; kleine Portionen

16. Eis: immer einsetzbar

17. Spinat: portionierbar; u. a. toll für schnelle Soßen

18. Fischstäbchen: unter den TOP 3 der beliebtesten Kinderessen, auch wenn sie beim Braten für Stunden die Wohnung verpesten

19. Erbsen: mögen fast alle Kinder, ergeben mit Kartoffelbrei, Nudeln oder Reis zusammen ein super Notessen

20. Petersilie: in der Tiefkühlform gerade so eben akzeptiert, öffnet vielleicht den Horizont für Kräuter im weitesten Sinn und hat viel Vitamin C!

KINDER, KÜCHE, KATASTROPHE

Während Ihre Kollegen im Büro diskutieren, wo man zur Zeit am besten essen gehen kann, fragen Sie sich, was Sie heute wieder kochen sollen. Und dann fällt Ihnen ein, dass Sie dringend noch kurz etwas einkaufen müssen. Und Sie fragen sich, wie Sie das noch alles rechtzeitig schaffen sollen.

Auch hier ist es natürlich am allerbesten, am Wochenende einen Wochenplan zu erstellen und alles entsprechend vorzubereiten. Wenn Sie so etwas können, tun Sie es, und Sie werden sehr viel entspannter in der Essensfrage werden. Wenn Sie aber nicht der Typ für allzu viele Pläne sind, hier ein paar Tipps, wie es trotzdem klappt:

Vorkochen bzw. mehr kochen

Es ist natürlich lobens- und wünschenswert, wenn die ganze Familie gemeinsam zu Abend isst. In der Realität wird daraus gerne mal nichts, weil der Mann zu spät nach Hause kommt oder weil Sie um 18 Uhr einfach noch keinen Hunger haben oder weil Sie ein anstrengendes Ess-Kind haben und während seiner Mahlzeit sowieso nicht zum Essen kommen oder weil Sie es auch mal genießen, in Ruhe mit Ihrem Mann oder einer Freundin zu speisen, wenn das Kind im Bett ist. In diesen Fällen könnten Sie um 18 Uhr ein Kinderabendbrot servieren: Brot, Joghurt, Obst, Gurke u. Ä.

Für Ihr eigenes Abendessen kochen Sie etwas. Damit Sie nicht noch ewig in der Küche stehen, können Sie die Vorbereitungen dafür auch gemeinsam mit Ihrem Kind treffen. Aber bitte nicht erwarten, dass das Kind hilft! Bis ein Kind irgendeine Gemüsesorte in brauchbare Stücke schnipseln kann, ohne sich in Lebensgefahr zu bringen, ist es so alt, dass es sich überhaupt nicht mehr für Küchenarbeit interessiert. Aber dann kann es sich ja selbst beschäftigen: In der Küche sitzen und malen zum Beispiel oder eine CD hören.

Aber kleinere Kinder kann man im günstigsten Fall dafür begeistern, die Mohrrüben anzureichen (und zu probieren), Wasser in den Topf zu gießen, das Gemüse hineinzuwerfen, die Soße umzurühren etc. Oder Sie lenken sie währenddessen mit dem Abwaschtrick ab (siehe S. 90). Natürlich dauert das Kochen auf diese Weise länger als allein, aber das macht ja nichts. Oder hatten Sie das dringende Bedürfnis, von 17 bis 18 Uhr Lego oder Verkleiden zu spielen?
Von dem »Erwachsenen-Abendessen« kochen Sie dann so viel, dass es für den nächsten Tag noch als Mittagessen reicht. Gewöhnen Sie sich an, Ihr Essen erst zum Schluss zu würzen, und füllen Sie die Kinderportion vorher ab.

Bevorraten

Viele Lebensmittel kann man im gekochten Zustand locker einige Tage im Kühlschrank aufbewahren: Pellkartoffeln, Nudeln, Reis, Mohrrüben, Paprika zum Beispiel. Wenn Sie davon immer gleich mehr kochen, haben Sie auf jeden Fall eine Grundlage. Auch manche Gerichte eignen sich: Bolognese-Soße etwa oder Risotto. Immer gleich den größten Topf voll kochen! Das spart unterm Strich enorm viel Zeit.

Locker bleiben

Sie wollen gern mal wieder richtig scharfes Thai-Curry essen – ein No-go, selbst für hartgesottene kleine Esser. Und nur Reis, das können Sie dem Kind nicht zumuten? Doch, können Sie. Natürlich sind Obst und Gemüse gesund und wichtig für Kinder. Aber sie müssen nicht von morgens bis abends mit Apfelschnitzen vollgestopft werden, und sie müssen nicht jeden Tag ein ernährungstechnisch einwandfreies Essen serviert bekommen. Auch wenn sie drei Tage hintereinander Nudeln mit nix essen, werden sie nicht gleich Skorbut bekommen. Wenn Ihr Kind keine Zucchini mag, dann muss es keine essen. Meistens mögen Kinder irgendein Gemüse und irgendein Obst. Das sollen sie dann

Kind: Iiieh, das Grüne esse ich nicht!
Supermom: Dann lass es liegen und iss die anderen Farben.

auch bekommen, zur Not eben jeden Tag. Varianz ist ein Erwachsenengedanke, also vergessen Sie es und machen sich das Leben leichter!
Und vergessen Sie auch gleich das Ammenmärchen vom Interessewecken durch gemeinsames Kochen. Vielleicht freut sich Ihr Kind eine halbe Zucchini lang, dass es helfen darf, diese kleinzuschneiden – aber essen will es das Zeug trotzdem nicht, wetten? Warten Sie lieber ab. Essen Sie selbst das, was Sie mögen, vielleicht wird Ihr Kind neugierig und probiert. Und spuckt aus. Und probiert noch mal. Und irgendwann sagt es: »Hm, lecker!« Aber verzweifeln Sie nicht, wenn sich dieser Prozess über Jahre hinzieht.

Essensgäste bekochen

»Mama, darf Karl-Friedrich heute bei uns essen? Biiiiitteeeee!!!!!« Hm. Muss das sein? Nichts gegen Freunde, aber wenn man den Tag zwischen Arbeit, Kind, Haushalt und Besorgungen aller Art verbracht hat, ist man froh, wenn irgendwann ein Essen auf dem Tisch steht, das das eigene Kind goutiert – und möchte sich nicht unbedingt unnötige Nerverei in Form von Karl-Friedrich ins Haus holen, der sagt: »Iiieh, Bohnen.« Oder: »Die Pfannkuchen von meiner Mama sehen aber anders aus!« Oder – auch das gibt es wirklich: »Ist das aus dem Bioladen? Sonst darf ich es nicht essen.« Aber Kinder finden es nun mal großartig, mit Freunden zu essen. Falls sich die Anwesenheit von Karl-Friedrich & Co. beim Essen also nicht abwenden lässt, dann beachten Sie folgende Tipps:

01. Kochen Sie Nudeln. Praktisch alle Kinder lieben Nudeln oder halten sie zumindest für essbar. Und falls nicht, haben Sie zumindest weder Zeit noch Geld verschwendet.

02. Kochen Sie keine bunten Nudeln, keine Vollkornnudeln, keine Tortellini, sondern die normalsten Nudeln von allen. Alles, was ungewöhnlich aussieht, könnte Anlass zu Bedenken geben.

03. Kochen Sie keine Soße zu den Nudeln. Sie kriegen sie sowieso niemals so hin wie die Mama von Karl-Friedrich – und schon deshalb wird er sie nicht anrühren. Oder er probiert, stellt fest, dass er die Soße nicht mag und kann deshalb die ganzen kontaminierten Nudeln nicht mehr essen. Bieten Sie also allerhöchstens Butter dazu an.

04. Behalten Sie einen Trumpf in der Hinterhand, am besten ein kleines Eis aus dem Gefrierfach. Denn natürlich will man es sich mit Karl-Friedrich nicht verderben, er soll ja wiederkommen (wenn auch nicht unbedingt zum Essen). Ein Eis versöhnt, ein Eis begeistert, ein Eis macht auf Besuchskinder einen guten Eindruck. Und Sie müssen es gar nicht erst zubereiten!

Abb. Lieblingsgast
01 Nummer-Sicher-Essen
02 Ungeeignetes Essen

04 DER ALLTAG

FREMDE UND WIEDERGEFUNDENE WÖRTER

BROTDOSE
[bro:tdozɛ]

Früher gab es Butterbrotpapier, heute gibt es Brotdosen. Ein Universum für sich. Es gibt tatsächlich moderne junge Frauen, die voller Überzeugung den Satz sagen, der die Emanzipation wieder auf Anfang setzt: »Ich schwöre auf Tupperware!« Andere lassen die Kinder wählen und holen sich auf diese Weise pinkfarbene Teile mit Feen oder einem sprechenden gelben Schwamm ins Haus. So oder so: Ohne Brotdose kommt man als Mutter nirgendwohin.

KOCHWÄSCHE
[kɔxvɛʃə]

Vor der Mutterwerdung hat man Oberbekleidung mehr so aus Anstand gewaschen – dreckig war sie nicht wirklich. Weil man mit 30+ kaum kleckert und selten in den Matsch fällt. Mit Kindern hingegen sind praktisch alle Sachen nach ca. 10 Minuten mit mindestens einem Fleck versehen und nach einen Kindergartentag praktisch unkenntlich. 30 Grad kann man gleich vergessen, wenn man Glück hat, geht es bei 60 Grad raus. Wenn nicht, wird der Kochwaschgang reaktiviert, der schon fast eingerostet war, weil eigentlich nur Omas mit 95 Grad waschen. Dachte man.

DOPPEL-BELASTUNG
[dɔplbəlastʊŋ]

Klingt furchtbar. Freudlos. Nach Stress und Graugesichtigkeit. Das schien immer ein Begriff für ein weit entferntes Lebensalter zu sein. Aber hier sind wir: mitten in der schönsten Doppelbelastung. Müsste es nicht eher Dreifachbelastung heißen – von wegen Kind und Job und Gedöns (= einkaufen, aufräumen, putzen, improvisieren)? Die gute Nachricht: Sie müssen deshalb nicht gleich eine Doppelhaushälfte erwerben. Die bessere Nachricht wäre allerdings, wenn ab sofort auch die Tage doppelt so lang wären …

BÜCHER UND MEHR

Fürs Kind

Nein! Tomaten ess ich nicht! von Lauren Child (Carlsen; ab 4). Pia hat so ihre Probleme mit dem Essen – nicht nur mit Tomaten, sondern auch mit Erbsen und Mohrrüben und Kartoffeln und-und-und. Aber der große Bruder Charlie schafft es immer, ihr das Essen schmackhaft zu machen. Tolle Illustrationen, superlustige Texte – nicht nur für alle kleinen Problemesser ein Riesenspaß.

Für Supermom

Hausarbeit ist soooo langweilig – da träumt man doch gerne von einer genialen Idee, die sofort extrem reich macht. Wie wäre es zum Beispiel mit Großmutters alten Schönheitsrezepten, nach denen man in der Küche sensationelle Cremes zusammenrührt, die man auf dem Markt verkauft. Und damit so erfolgreich ist, dass man eine Kosmetikfirma gründet… Genau das passiert in Gucci und Gummistiefel von Annie Saunders (Rowohlt). Natürlich spielt das Ganze in England auf dem Land, natürlich sind die beiden Heldinnen Mütter mit grenzenlos entspannten Kindern – Lichtjahre entfernt von der Realität, aber eben deshalb perfekt für einen Tagtraum. Auch in dem Film Baby Boom geht es ums Landleben und ein altes Rezept: Karrierefrau Diane Keaton erbt ein Baby, zieht in ein altes Bauernhaus, trifft einen charmanten Tierarzt (Sam Shepard!) und macht ein Vermögen mit selbstgekochtem Apfelkompott. Bisschen 80er-Jahre-mäßig, aber… hach!
Und wenn Sie eher reelle Hilfe brauchen: Kochen für die Familie/Backen für die Familie/Kochen für Kinder (alles GU) sind drei sehr gelungene Bücher, die neue Koch-Ideen liefern, ohne mit Banalitäten und/oder Holzhammer-Pädagogik zu nerven.

05 QUALITY TIME OHNE KIND

05 QUALITY TIME OHNE KIND

Altes Leben

Theater, Kino, Party, Konzert, übers Wochenende nach Rom, Sonntag im Bett, Urlaub in Vietnam. Double Income, no Kids – alles geht. Freunde mit Kindern jammern und warnen: Das wird dann alles anders, abends weggehen, haha, das könnt Ihr vergessen. Genauso wie Sport und Spontaneität. Und Sex sowieso.

Vision

So wird das bei uns niemals sein! Wozu gibt es Babysitter? Natürlich treffe ich meine Freundinnen und Freunde weiter wie bisher; abends schläft das Kind schließlich! Oder wir nehmen das Kind einfach mit, das machen die Italiener auch so. Wenn ich zum Sport will oder shoppen, also bitte, dann freuen sich Papa und Kind, wenn sie mal für sich sind! Wieso sollten wir nicht nach Vietnam reisen? Da gibt es schließlich auch Kinder.

Neues Leben

Ich bin müde, du bist müde, wir sind müde. Wenn es ganz gut läuft, ist das Kind auch müde und schläft. Dann könnte man immerhin ein paar Basics mit dem Mann austauschen (»Was kann das Kind Neues?« »Wie war es im Büro?« »Was gibt es im Fernsehen?«). Zusammen weggehen? Kein Babysitter, keine Energie. Mit Freunden ins Kino? Ja, aber bloß nichts Trauriges. Oder Anpruchsvolles. Und nicht zu spät. Zum Sport? Ach ja, ich müsste mal wieder… vielleicht morgen. Urlaub in Vietnam? Bin ich irre? Wir sind froh, wenn wir es an die Nordsee schaffen. Sex? Was war das noch mal?

Freizeit ist relativ

Zum Glück hat man nie geahnt, wie anstrengend das Leben mit einem Kind ist. Freizeit, das bedeutete früher Action, irgendetwas Tolles unternehmen – oder auch mal ganz bewusst nichts machen. Freizeit kam nach der Arbeit. Jetzt hingegen geht die Arbeit nach Büroschluss nahtlos weiter und heißt dann: Action mit Kind. Ist natürlich auch schön, aber nicht direkt Freizeit. Man hat Termine und Pflichten und muss ununterbrochen konzentriert sein wie ein Doppelnullagent, sonst drohen Chaos und Gefahr. Feierabend ist dann, wenn das Kind im Bett ist – und dann muss man alle Kräfte mobilisieren, um stärker zu sein als der »Ich-geh-auch-schlafen«-Impuls.

Und das ist nicht alles. Man muss auch einen Plan haben. Wird es ein Abend zu zweit, und wenn ja, was geht noch außer Fernsehen? Mit der Freundin ins Theater – etwa spontan? Oder doch mal wieder ins Fitnessstudio und dann Sauna? Und übrigens: Es geht hier nicht um Pflichtprogramm, sondern um Quality Time …

QUALITY TIME MIT DEM MANN

Auch wenn alle gesagt haben: So ein Kind verändert alles! Ihr könnt nicht mehr zusammen weggehen! Ach, Unsinn, dachte man, das kann ja gar nicht sein. Aber genau so ist es. Mindestens einer muss schließlich auf das Kind aufpassen, denn mitnehmen, ähem, das klappt leider gar nicht. Um als Paar gemeinsam die Wohnung verlassen zu können, muss man auf jeden Fall erst mal in Organisationsvorlage treten (Babysitter, Großeltern, Nachbarn) – was der Angelegenheit einiges an Charme nimmt. Während man früher einfach nachmittags von Büro zu Büro telefoniert hat, muss man sich jetzt mindestens eine Woche im Voraus verabreden, um rechtzeitig die Kinderbetreuung zu buchen. Dann

heißt es hoffen, dass das Kind an besagtem Abend gesund ist, rechtzeitig einschläft und möglichst nicht mitten im Film aufwacht. Nach dem Kino spontan noch in eine Bar, auf eine Party oder einen romantischen Mondspaziergang machen – geht nicht. Denn der Babysitter (siehe S. 120) bzw. die Oma ist nur bis 23 Uhr gebucht.
Tja, falls man nicht mit dem Babysitter bzw. den Eltern oder Schwiegereltern unter einem Dach wohnt, wird gemeinsames Ausgehen nach der Geburt eines Kindes verlässlich zum Mega-Akt. Den nehmen die meisten Eltern nur zu besonderen Anlässen auf sich – ansonsten findet Quality Time zu zweit meist zu Hause statt. Was wiederum die Gefahr birgt, dass bald gar keine Quality Time mehr stattfindet, weil beide ermattet um 22 Uhr vor dem Fernseher einschlafen.

Supermom: Guten Morgen, Schatz! (Schmatz)
Mann: Was ist denn mit dir los?
Supermom: Wieso?
Mann: Ein Kuss! Du bist so nett zu mir!

Um es gleich zu sagen: Ein Patentrezept für viele rasante Zu-Hause-Abende mit dem Partner gibt es nicht. Die meisten Vorschläge der Frauenzeitschriften, die nach einer todsicheren Methode gegen elterliche Paarmüdigkeit klingen, wirken in der Realität derart deplaziert, dass man sich im besten Fall darüber totlachen kann.
Oder wer hat nach Büro, Kinderarzt, einkaufen, 45 Sandtürmen, 14 Bilderbüchern, Kinderzimmer aufräumen, »Warum-gibt-es-Brot-und-keine-Pfannkuchen«-Diskussion und drei mehrstrophigen Schlafliedern noch den Nerv, die Badewanne von Gummifröschen und Plastikbooten zu befreien, das Bad mit 700 Teelichtern zu dekorieren und sich selbst in Reizwäsche zu katapultieren? Oder mit dem Mann auswärts essen zu spielen, wozu sich beide in getrennten Zimmern aufhübschen müssen, um sich dann in der romantisch dekorierten Küche zum Candle-Light-Dinner zu treffen? Vergessen Sie's. Abende mit dem Partner sind jetzt eben Alltag, so langweilig das auch klingt. Es hilft wenig, sich zu verkleiden und so zu tun, als befände man sich in einem Restaurant, einem Wellness-Hotel, einem anderen Leben.

Abb. Früher war alles besser

01 Damals

02 Heute

Aber jeden Abend Game-Shows gucken ist natürlich auch keine akzeptable Alternative. Tatsächlich muss man sich ein bisschen was einfallen lassen, wenn man zu Hause nicht nur Zeit, sondern Quality Time verbringen will.

Zeit nehmen zum abendlichen Gespräch in ansprechender Atmosphäre. Das kann bei einem guten Essen zu zweit stattfinden, oder – wenn Sie mit dem Kind zusammen gegessen haben – beim Glas Wein auf dem Sofa.

Wenn Sie beide gerne kochen: Kochen Sie zusammen wilde Gerichte aus Ihren Kochbüchern. Wenn nicht, probieren Sie alle möglichen Take-aways aus, ruhig mal was Edles (Sushi, Antipasti, Asia) – schließlich sparen Sie unendlich viel Geld, weil Sie abends so selten weggehen!

Keine Jogging- oder Hausanzüge! Natürlich trägt man zum Spielplatz keine High Heels, und natürlich müssen Sie sich NICHT umziehen, wenn der Mann nach Hause kommt. Aber wenn Sie sich eines Abends mit Lockenwicklern, ausgeleierten Leggins und Anti-Pickelcreme auf dem Sofa wiederfinden, wo sich der Mann in Tennissocken und Adiletten die Nägel abknipst – dann, ja dann sollten Sie vielleicht doch den Verkleidungsplan in Erwägung ziehen …

Wenn schon fernsehen, dann lieber DVD als willenloses Rumzappen. Wenn für Sie der Gang zur Videothek ein weiterer Stress bringender Punkt auf der endlosen To-do-Liste ist, studieren Sie doch mal abends zu zweit die Angebote im Internet. Ein Klick und die DVD kommt direkt ins Haus (und muss nicht wieder zurückgebracht werden!).

Machen Sie sich einen Hörbuch-Abend. Entweder gemütlich im Bett oder auf dem Sofa, dazu gibt es Pralinen und/oder Chips, eventuell ein Gläschen Wein. Licht dimmen, entspannte Position einnehmen, Hörbuch an.

Auch wenn Sie nicht der Typ für Gesellschaftsspiele sind – vielleicht gibt es ja doch irgendein Spiel, bei dem Sie und Ihr Mann einen gewissen Ehrgeiz entwickeln. Wenn die Klassiker Schach und Backgammon nicht Ihr Ding sind, probieren Sie doch mal Scrabble oder Memory! Von vielen großen Familienspielen gibt es übrigens auch Versionen für 2 Spieler. Einen Versuch ist es wert – vielleicht finden Sie eine gemeinsame Passion.

Die größte gemeinsame Passion ist und bleibt aber zunächst das Kind. Wie wäre es also, wenn Sie sich abends mal zusammen einem Langzeitprojekt widmen und kleine »Zustandsberichte« anfertigen (siehe S. 118 f.)? Und nach einem Jahr lassen Sie die Blätter im Copyshop binden.

Vor allem aber: Nicht unter Druck setzen! Sie werden nicht automatisch zum langweiligsten Paar der Welt gewählt, wenn Sie ein paar Monate nichts Spektakuläres zusammen unternehmen. Es gibt für alles seine Zeit – und die Zeit mit einem kleinen Kind ist eben nicht unbedingt die der aufregenden Abende. Macht doch nichts. Holen Sie sich mal Ihr schlafendes Kind ins Bett (wenn Sie sicher sein können, dass es dabei nicht aufwacht) – sofortiges Glücksgefühl garantiert! Das werden Sie sich wie verrückt zurückwünschen, wenn Ihr kleiner Liebling halb erwachsen ist und Sie wieder jeden Abend wild ausgehen können.

Abb. Superkid-Album
Hier ein Beispiel, wie Sie ein persönliches Erinnerungsbuch für Ihr Kind gestalten können. Die Vorlage gibt es auch als Download unter www.kompetentimtrend.de/superkid.

Rand
Zum Abheften oder für spätere Spiralbindung (kann man im Copyshop machen lassen).

Aktuelles Foto
Im Urlaub und auf Ausflügen hat man immer die Kamera dabei, aber denken Sie auch daran, im Alltag Fotos zu machen: Kind beim Essen, Einkaufen, Bauklötzestapeln, Busfahren.

Neue Kunststücke
Die ersten Krabbel- und Laufversuche natürlich, aber auch später MAMA schreiben, Fahrradfahren, Vorsingen im Kindergarten etc.

DATUM 23. September 2008

MASSE 90 cm, 13 kg

NEUE KUNSTSTÜCKE

Max liebt Kinderturnen (»wir haben desingen und detanzet!«) und Kekse essen (»Nur einen und dann tein De-jammer!«)

NEUE WÖRTER / BESTE SPRÜCHE

Eine dute Tat = eine gute Idee
Papa pinnt wohl!
Wanzbetten = Plantschbecken
Waletets = Schokoladenkeks
Dadörteshin = da gehört es hin
Wir trieden ein Problem!
Das war eine Atzion!

AKTUELLE FAVORITEN

Max ist Puzzlemeister! Er kann 20teilige Puzzles und sagt nur noch ganz selten: »Deht nich!«

BESONDERE EREIGNISSE

Wir waren in Berlin bei Freunden zu Besuch. Auf der Rückfahrt im Zug macht Max Konversation mit den Mitreisenden: »Max fährt jetzt nach Hause, da wartet Hase und Teddy und das Zelt und der Weihnachtsmann.« Kurze Pause, dann: »Max hat ein Nuttel hier. Da tann man reinnutteln.« Gesagt, getan.

Selbstgemaltes Bild
Am besten A4; größere Kunstwerke können Sie im Copyshop farbkopieren und verkleinern!

Neue Wörter / Beste Sprüche
Je kleiner die Kinder, desto entzückender die Aussagen. Aber auch größere Kinder sagen manchmal noch unvergessliche Sätze!

Aktuelle Favoriten
Lieblingsessen oder -beschäftigung, beste Freundin, liebstes Buch, das immer wieder vorgelesen werden muss …

Besondere Ereignisse
Kleine Geschichten aus Urlaub und Alltag; Anekdoten vom Kindergartenfest oder Theaterbesuch.

Babysitter

Das Zauberwort für Zeit zu zweit außer Haus. Mit der Einrichtung namens Babysitter gehen Eltern allerdings auf sehr unterschiedliche Weise um. Die einen geben das Babyphone und ihre Handynummer schon ein paar Wochen nach der Geburt beim Nachbarn ab und gehen seelenruhig ins Kino. Die andern können/wollen ihr Kind auch mit drei Jahren noch nicht in die Obhut eines Babysitters geben. Was das Emotionale betrifft, muss jedes Elternpaar selbst einen Weg finden. Es gibt kein Richtig oder Falsch. Manche Kinder akzeptieren keinen Babysitter, manche Eltern können sich nicht entspannen, wenn eine Studentin auf den liebsten Schatz aufpasst. Oder sie finden den Preis zu hoch (egal ob in Euro oder in Stress) oder haben keine Lust, nach Kino und Bar noch den Babysitter nach Hause zu fahren. Wenn Sie sich irgendwie nicht wohlfühlen bei dem Gedanken an einen Babysitter, ist es besser, sich einen schönen Abend zu Hause zu machen. Das gemeinsame Ausgehen ist dann allerdings beschränkt auf Besuche der eigenen Eltern, denen man das Kind sorgenfrei anvertrauen mag (siehe auch S. 28).
Trotzdem: Ein guter Babysitter ist Gold wert. Zumindest ausprobieren sollte man es dann und wann, Kinder werden älter, Eltern irgendwann entspannter. Fragen Sie im Bekanntenkreis oder in der KiTa. Dort kennt man oft Praktikantinnen oder Erzieherinnen in der Ausbildung, die sich gerne etwas dazuverdienen. Wenn Sie niemanden kennen, der jemanden kennt, kann auch ein Anruf beim Jugendamt oder eine Recherche im Internet helfen. Wenn das zu sittende Kind wach ist und bespaßt werden muss, liegt der Stundenlohn zwischen 5 und 8 Euro – je nachdem, ob ein junges Mädchen aus der Nachbarschaft oder eine qualifizierte Erzieherin zum Aufpassen kommt. Für Abende, an denen der Babysitter ein schlafendes Kind übernimmt, wird meist eine Pauschale vereinbart.

Einige Städte bieten übrigens auch einen »Leihoma-Service« an – nachfragen lohnt sich, vor allem wenn die »echte« Oma weit weg wohnt.

QUALITY TIME MIT FREUNDEN

Nach der Arbeit noch was trinken gehen oder mit der Freundin ins Fitnessstudio, am Wochenende mal zum Grillen, einen langen Spaziergang machen oder mit allen Freunden kochen. Spontan ins Kino oder vielleicht mal ins Theater, danach ein Absacker in der neuen Szene-Bar. Ach ja, das waren Zeiten. Waren. Mit der Geburt des Kindes wird man irgendwie aus dem Social Life gekickt. Klar, mit einem Säugling geht tatsächlich erst mal vieles nicht. Aber dann irgendwann könnte man langsam wieder einsteigen in das Freizeitverhalten einer Großstädterin. Zumal Abendverabredungen mit Freunden deutlich leichter zu organisieren sind, weil ja der Mann auf das Kind aufpassen kann. Trotzdem wird es nicht wieder so wie früher; der Liebste will seine Freunde schließlich auch mal treffen, und dann möchte man schließlich auch nicht abwechselnd jeden Abend allein in der Wohnung sitzen. Sieben Abende hat die Woche. Wenn jeder einen davon mit Freunden verbringt und einen z. B. beim Sport, bleiben noch drei für partnerschaftliche Quality Time übrig. Ein Abend pro Woche mit Freunden ist also ein realistischer Wert, auch wenn das ziemlich mickrig klingt. Aber oft werden Sie Mühe haben, diesen einen Abend pro Woche tatsächlich auch wahrzunehmen. Müdigkeit ist meist der Hauptgrund, auch genannt »Feierabend-Katatonie« (siehe S. 76). Da hilft nur, sich das Social Life regelrecht zu verordnen:

01. Verabreden Sie sich möglichst ein bis zwei Wochen im Voraus. Dann sind Sie unrealistisch genug zu denken, dass Sie an diesem Abend auf jeden Fall fit sind und unbedingt ausgehen wollen.

02. Treffen Sie möglichst konkrete Verabredungen: Kino, Restaurant, Party. Und treffen Sie auch entsprechende Vorkehrungen: Karten kaufen, Tisch bestellen, Geschenk besorgen. Das verpflichtet und gibt Ihnen in der kritischen Zeit zwischen »Puh, endlich schläft das Kind!« und »Oh Mann, ich könnte im Stehen einschlafen« den nötigen Impuls: Ich muss da hin, und ich kann nicht absagen, auch wenn ich jetzt gar keine Lust habe auf diesen doofen Film, das teure Restaurant, die langweilige Party. Versprochen: Hinterher sind Sie froh, dass Sie hingegangen sind.

03. Motivieren Sie sich selbst. Überlegen Sie tagsüber schon mal, was Sie anziehen (hervorragende Meditationsübung gegen Spielplatz-Tristesse!), kaufen Sie in der Drogerie nicht nur Windeln, sondern auch einen neuen Lippenstift, gönnen Sie sich eine ausgiebige Dusche.

04. Lassen Sie sich motivieren, und zwar von Ihrem Mann. Ihm geht es wahrscheinlich genauso, wenn er sich verabredet hat. Vereinbaren Sie, dass Sie sich gegenseitig ermuntern, die Abende mit Freunden auch zu genießen.

Wenn Sie allmählich auf den Geschmack kommen, was aushäusige Abendverabredungen angeht und Ihnen ein Termin pro Woche nicht reicht, könnten Sie – um die Schlagzahl der Verabredungen zu erhöhen – eine Freundin oder auch zwei zu sich nach Hause einladen, während Ihr Mann z. B. zum Fußball(gucken) geht. So verbringen Sie beide Zeit mit Freunden und haben trotzdem noch reichlich gemeinsame Abende übrig. Und vermutlich haben Sie ja auch gemeinsame Freunde, die Sie einladen können: Super Joker, denn dann verbringen Sie gleichzeitig auch noch Quality Time mit dem Mann!

Laden Sie die Gäste zu einer Zeit ein, in der das Kind garantiert – okay, sagen wir: höchstwahrscheinlich – schläft und bitten Sie sie, jeweils einen Gang o. Ä. mitzubringen, sonst müssen Sie den ganzen Nachmittag in der Küche stehen. Oder man verabredet sich gleich für nach dem Essen – auf ein Glas Wein und ein paar Snacks. Auch hier der dezente Tipp für Spiele-Hasser: Selbst wenn Sie sich nicht für den Kauf von Straßen und den Bau von roten Plastikhotels erwärmen können, selbst wenn Sie befürchten, dass Ihr bester Freund beim Quizspiel zum ekelhaften Klugscheißer mutiert: Es gibt durchaus Spiele, denen man eine Chance geben sollte (siehe S. 135). Viel zu verlieren hat man nicht als Eltern, die den Kontakt zur Außenwelt nur aufrecht erhalten können, indem sie sich Freunde ins Haus holen – und seien wir realistisch: In einer Diskussion über das politische Weltgeschehen würden Sie als sporadischer Tagesschau-Gucker ohnehin nur peinlich auffallen, also können Sie auch gleich bedingungslos kapitulieren und einen Spieleabend ausrufen.

Natürlich könnte man die beste Freundin auch am Wochenende z. B. zum Frühstück treffen. Aber das Wochenende wird bei den meisten Paaren mit Kind sehr bald zur Familienzone: Betreten für Freunde verboten – es sei denn, sie haben auch Kinder, dann kann man sich natürlich zum gemeinsamen Grillen treffen. Das hört sich mal wieder verdächtig nach akutem Spießertum an, und natürlich wollte man das doch eigentlich ganz anders handhaben. Die Kinder immer mitnehmen zum Beispiel, auch zum Shoppen, zum Brunch in die WG und ins Café sowieso. Oder eben erst mit der Freundin in die Stadt, dann mit Kind und Mann einen Ausflug machen und abends noch mit der Clique um die Häuser ziehen. Ein Spitzenplan, der leider einen 48-Stunden-Tag voraussetzt. In der Realität ist nach dem Brunch bei Freunden keine Zeit mehr für einen Ausflug mit der Familie. Nun könnte man sagen, macht nichts, macht man den Ausflug eben wann anders. Aber sobald man realisiert hat, dass das Wochenende die einzige Zeit ist, die

Freundin: Ich wollte dich zu meiner Geburtstagsfeier einladen!
Supermom: Oh, super!
Freundin: Am Samstag. Ich feiere rein.
Supermom: Oh Gott.

Mann und Frau und Kind gemeinsam haben, bricht sich (meistens bei den Frauen) ein extremer Familiensinn Bahn. Für Freundschaften kann das sehr belastend sein, aber man kann versuchen, die Wochenendmauer ein bisschen durchlässiger zu machen:

Laden Sie beide immer mal Freunde ein, mit auf den Ausflug zu kommen – oder ins Schwimmbad, in den Park –, sogar den Spielplatz kann man guten Freunden in homöopathischen Dosen durchaus zumuten. Einer holt Kaffee und Kuchen vom nächsten Bäcker, dann kann es trotz Sandkastenatmosphäre ein netter Nachmittag werden.

Verabreden Sie mit Ihrem Mann, dass sich jeder von Ihnen eine gewisse Zeit vom Wochenende abzwacken kann – vielleicht auch abwechselnd jedes zweite Wochenende, damit noch genug für Gemeinsames übrig bleibt. In dieser »eigenen Zeit« können Sie sich mit der besten Freundin treffen oder auch etwas allein für sich tun (siehe S. 129 f.).

Laden Sie Ihre Freunde regelmäßig auch tagsüber zu sich nach Hause ein. Selbst wenn Sie denken, das könnte mit Kind zu anstrengend sein: Probieren Sie es aus. Das Kind wird begeistert sein, bei den Vorbereitungen zu helfen (Kuchen backen, Tisch decken, vielleicht Namensschilder malen). Und die Freunde freuen sich vielleicht, wenn sie ein bisschen integriert werden. Tipp: Laden Sie möglichst mindestens zwei kinderlose Freunde gleichzeitig ein, dann wird die ganze Veranstaltung nicht so familienorientiert und die beiden Gäste haben immer noch sich, wenn Sie und Ihr Mann wegen einer dringenden Kinderangelegenheit den Raum verlassen müssen.

DAS MUTTERGEWISSEN RUFT

»Darf ich Anekdoten aus dem Kinderalltag erzählen? Sollte ich nicht lieber über Politik reden?«

»Heute hat der Kleine so was Lustiges gemacht, das glaubt Ihr nicht. Also, ich war auf dem Fahrrad, und er saß hinten und hat ›Alle meine Entßen‹ gesungen und plötzlich …« Ach, das Kind ist so lustig und so intelligent und überhaupt großartig. Einerseits würde man diese Geschichte und noch so ca. 20 weitere wahnsinnig gerne erzählen, andererseits will man nicht abgestempelt werden als Mutti, die nur über Ihre Kinder spricht. Deshalb: Nur wenn Sie ein Ausnahmetalent in Sachen Stand-up-Comedy sind und/oder sich mit Müttern treffen, die Kinder im selben Alter haben, könnte eine Kindergeschichte vielleicht zur Erheiterung beitragen. Ein Risiko bleibt es trotzdem. Wenn Sie sich mit kinderlosen Freunden oder gar Kollegen treffen, sollten Sie tatsächlich möglichst wenig über Ihren Kinderalltag reden. Warten Sie ab, ob jemand explizit fragt – und ansonsten genießen Sie es, sich auch mal über andere Dinge zu unterhalten. Worüber? Hm. Versuchen Sie, ein- bis zweimal pro Woche die Tagesschau zu sehen und täglich wenigstens die Schlagzeilen der Zeitung zu überfliegen. Hören Sie nachmittags möglichst viel Radio (selbst wenn Sie nur Bruchstücke mitkriegen – es hilft!), und suchen Sie sich ein kinderfreundliches Café mit Lesezirkel-Mitgliedschaft. Auf diese Weise bleiben Sie wenigstens ein bisschen am Ball, und, ja, das muss schon sein. Eitrige Mandelentzündungen, zu teure Matschhosen und pädagogische Schachzüge taugen leider nur bedingt für Unterhaltungen nach 20 Uhr.

05 QUALITY TIME OHNE KIND

HILFE, ICH HABE …

Spontanen Freizeit-Schock

Situation I:
Ihr Mann ist mit dem Kind im Schwimmbad, und Sie haben plötzlich zwei Stunden für sich allein. Was jetzt? Lesen! Nein, besser saugen. Quatsch, putzen doch nicht, Entspannung soll sein! Also ins Café gehen. Oder doch lieber Fotos einkleben?
Situation II:
Ihre Eltern passen auf das Kind auf, Sie können mit Ihrem Mann ausgehen! Aber wohin? Ins Kino! Nein, das ist wie fernsehen, das haben wir sonst auch. Ins Restaurant! Nur essen, das ist langweilig. Party wäre gut. Aber lohnt sich das? Also, um 23:30 Uhr müssen wir spätestens zu Hause sein, so früh, wie wir immer aufstehen.
Mütter bzw. Eltern, denen eine Überdosis Freizeit verabreicht wird, neigen zur totalen Planlosigkeit, das heißt, sie fühlen sich von den ungewohnten Optionen derart überfordert, dass es im schlimmsten Fall sogar zu einer »Freizeit-Flucht« kommen kann. Die Folgen: Hausarbeit statt Entspannung, verfrühte Heimkehr, Streit.
Was man tun kann: Üben. Üben. Üben.
Was man vermeiden sollte: Noch eine Prioritäten-Liste machen. Sie haben eh schon genug davon.

Keinen Sex

Ein weit verbreitetes Problem unter Eltern. Früher war Sex etwas Spontanes, das sich mal mehr, mal weniger, aber immer irgendwie ergab – und man hat nicht weiter drüber nachgedacht. Für Eltern allerdings stehen vor dem Sex die drei W's: Wann? Warum? Wie?
WANN: Es geht nur abends, wenn die Kinder im Bett sind und all das erledigt ist, was man den ganzen Nachmittag nicht geschafft hat. Dann ist man so ungeahnt groggy, dass man sich auf jeden Fall fragt, WARUM man jetzt so etwas

HILFE, ICH HABE …

Anstrengendes wie eine Verführung inszenieren sollte, wenn man doch auch einfach nur sitzen und fernsehen könnte (siehe S. 116). Falls man einen zufriedenstellenden Grund gefunden hat (also »Muss ja auch mal wieder sein«), bleibt die entscheidende Frage: WIE? Wie soll man sich nach dem täglichen Spielplatz-Windel-Lalala in eine »Mmmhhh, lass uns doch mal ins Schlafzimmer gehen«-Stimmung bringen? Wie soll Begehren entstehen, wenn beide Klamotten voller Brei- und Zahnpastaflecken anhaben? Wie soll man von Petterson & Findus auf Erotik umschalten? Und vor allem: WIE SOLL MAN DIESE MÜDIGKEIT ÜBERWINDEN???
Was man tun kann: Hm. Tja. Wer Viagra für Eltern erfindet, wird über Nacht Millionen machen. Bis dahin: Schreiben Sie SX in Ihren Terminkalender (und in den Ihres Mannes) – vielleicht hilft's ja. Und immer nach vorne denken: Je größer die Kinder, desto weniger Energie saugen sie.
Was man vermeiden sollte: Zu viel Leistungsdruck. Sexquantität steigert nicht unbedingt Beziehungsqualität.

Habituelles »Ich-rede-wie-mein-Kind«-Syndrom

»Oh, es regnet. Da setze ich mal lieber meine Puze auf! Möchte jemand ein Stück Apfelnina? Oder einen Waletets?« Und dann: »Haha, so sagt mein Kleiner immer zu Kapuze / Apfelsine / Schokoladenkeks.«
Lustig, aber leider nur für Sie. Das wissen Sie auch tief in sich drin, aber manche Kinderwörter sind so süüüß, da muss man einfach mal die Freunde und Kollegen teilhaben lassen. Und hoppla, schon wieder »Tautau« getrunken, die »Slüssel« gesucht und den »Tomtüter« ausgeschaltet. Warum gucken denn die andern so angestrengt?
Was man tun kann: Schreiben Sie die lustigen »Versprecher« Ihres Kindes mit Datum in ein extra Buch (siehe S. 118 f.). Dann gehen sie nicht verloren, und Sie haben

HILFE, ICH HABE…

nicht das Gefühl, sie immer wieder auch vor Publikum wiederholen zu müssen, damit Sie diese allerliebsten Aussprüche niemals vergessen.
Was man vermeiden sollte: Jeglichen Babytalk vor anderen erwachsenen Menschen (ja, auch wenn Sie sich für die beste Kleinkind-Stimmenimitatorin der Welt halten). Einzige Ausnahmen: Mann, Eltern, Schwiegereltern.

Nervösen Borderline-Tick

Mütter leiden unter dem Zwang, alles was zu nah am Rand steht, in Sicherheit bringen zu müssen. Dabei können sie nicht mehr unterscheiden, ob sie mit Dreijährigen am Tisch sitzen, die ihren Apfelsaft auf jeden Fall einmal pro Mahlzeit umkippen – oder mit Dreißigjährigen, die durchaus ihr Weinglas im Auge behalten, während sie wild gestikulieren und sich zum Gegenüber beugen.
Instinktiv halten Mütter auch erwachsene Freunde am Ärmel fest, wenn sie sich einer Straßenkreuzung nähern. Weil sie eben den ganzen Tag mit einer Zweijährigen unterwegs waren, die die Bremse ihres Laufrades nur unter Protest benutzt.
Was man tun kann: Muss man etwas tun? Ist doch lustig, und außerdem: Vielleicht rettet man auf diese Weise auch mal einen von den »Großen« – oder zumindest dessen Hose.
Was man vermeiden sollte: Freunde auffordern, sich eine Serviette in den Ausschnitt zu stopfen, wenn sie Spaghetti bolognese bestellt haben. Auf ein Taschentuch spucken und dem Mann einen Schokofleck aus dem Mundwinkel wischen.

QUALITY TIME ALLEIN

Die Zeit im Büro birgt für Teilzeit arbeitende Mütter ganz besondere Qualitäten: Man kann einen Gedanken ganz zu Ende denken, man kann einen Kaffee trinken, ohne dass er kalt wird oder umkippt – und man kann allein (!!!) zur Toilette gehen. Wenigstens manchmal möchte man solche Vorteile auch im Privatleben genießen – und deshalb brauchen Mütter ab und zu ein bisschen Zeit ganz für sich alleine. Zeit, in der sie nicht reden, nicht tragen, nicht organisieren, nicht schimpfen, nicht rumkaspern, nicht verantwortlich sein müssen. Um ein Buch zu lesen statt vorzulesen, um zu joggen statt hinterherzulaufen, um Frau-im-Bad zu spielen statt Mensch-ärgere-dich-nicht.
Wenn Sie für diese kleinen Auszeiten nicht extra einen Babysitter engagieren wollen, sind Sie auch hier auf Absprachen mit dem Mann angewiesen. Der hat wahrscheinlich ähnliche Ansprüche, denn selbst wenn er Vollzeit arbeitet und im Büro den ganzen Tag allein zur Toilette gehen kann – auf Sauna, Sport und Zeitung lesen muss auch er weitgehend verzichten. Besprechen Sie daher zuerst, wem welche Dinge besonders wichtig sind. Die gute Nachricht ist nämlich: Viele Wünsche sind dringlich, aber bescheiden – und sie lassen sich daher meistens recht problemlos erfüllen. Die schlechte Nachricht: Es ist immer ein Geben und Nehmen …

»Kann ich nicht wenigstens mal in Ruhe duschen?«

Die meisten Frauen wünschen sich pro Tag eine gewisse Zeit allein im Bad. Um zu duschen, ohne dass das Kind den Vorhang auf und zu zieht, um zu baden, ohne dass das Kind mit in die Wanne will und deshalb schon mal alle Plastiktiere ins Wasser schmeißt, um sich zu schminken, ohne dass das Kind unbedingt auch mit diesem tollen Lippenstift malen will – und um gewisse Dinge zu tun, ohne dabei ständig hinterfragt zu werden. 15 Minuten pro Tag und etwas länger am Wochenende – diesen Wunsch wird Ihnen kein Mann verwehren, wenn Sie ihr Anliegen in einem entspannten Gespräch zur Sprache bringen; und dafür z. B. anbieten, dass er auch in Ruhe Zeitung lesen darf.

»Ich war seit Monaten nicht mehr beim Sport!«

Einmal die Woche joggen, schwimmen oder ins Fitnessstudio – das ist durchaus ein Wunsch, den beide Partner hegen. Zeit ist dafür meist am Wochenende oder abends. Vereinbaren Sie für jeden einen festen Termin, z. B. er am Montagabend und Sie am Sonntagmorgen.

*Tochter: Wollen wir Vater-Mutter-Kind spielen?
Sohn: Oder Massenkarambolage mit Matchbox?
Supermom: Hmpfff.*

»Ich muss einfach mal ausschlafen!«

Kein Klischee, sondern harte Wirklichkeit: Kinder unter sieben Jahren schlafen selten länger als bis 7 Uhr, am Wochenende gerne auch ein Stündchen weniger. Trotzdem sollte es ab und an mal möglich sein, dass Mama oder Papa die 10-Uhr-Marke schlafend erreicht. Dazu muss der jeweils andere die heroische Tat vollbringen, das Kind bis zu vier Stunden leise zu beschäftigen. Klingt grauenhaft und fühlt sich noch grauenhafter an, wenn man morgens um 6 Uhr nicht nur aufwachen, sondern auch gleich aufstehen muss. Versuchen Sie es doch mal mit: Kaffee und Kakao kochen, ein paar Kekse nehmen, sich mit dem Kind in dessen Bett oder aufs Sofa kuscheln und erst mal eine Stunde Bücher angucken. Dann anziehen und ins Schwimmbad (Winter) oder in den Park (Sommer). Auf dem Rückweg Brötchen holen und Frühstück machen. Wenn Sie und Ihr Mann sich mit diesem Programm abwechseln (muss ja nicht jedes Wochenende sein), dann hat jeder was davon.

»Ich habe nichts mehr anzuziehen!«

Am Samstagmorgen ein paar Stunden shoppen gehen – es gibt kaum eine Frau, die diese Aussicht nicht reizt. Und wenn Ihr Mann die ganze Woche arbeitet, freut er sich vielleicht wirklich, ein paar Stunden mit dem Kind allein zu sein. Oder Sie gehen gemeinsam in die Stadt. Während Sie sich durch die aktuelle Kollektion probieren, machen Mann und Kind ein paar Papa-Dinge: Carrera-Bahn-Test in der Spielzeugabteilung, Zeitung lesen in der Kinderbuchabteilung, Enten füttern, Sportschuhe angucken etc. Und nach zwei Stunden treffen Sie sich alle drei zum zweiten Frühstück in einem Café.

»Das reicht mir alles nicht!«

Manchmal wird einem alles zu viel. Man hat das Gefühl, für alles und jeden in der Familie verantwortlich zu sein – und braucht unbedingt eine kleine Mutter-Auszeit, die länger dauert als eine Dusche, eine Trainingseinheit im Fitnessstudio oder ein Shoppingvormittag.

Fragen Sie Ihren Mann, was er dazu sagen würde, wenn Sie mit Ihrer Freundin mal ein paar Tage nach London oder eine Woche in die Sonne fliegen würden. Schlagen Sie ihm vor, dass er seine Mutter in dieser Zeit einladen kann, damit sie ihm mit dem Kind (und – ähm – mit dem Haushalt) ein bisschen hilft. Oder dass er in der Zeit seine Eltern besucht oder irgendeine andere Tour mit dem Kind macht. Wahrscheinlich hat er aber ohnehin nichts gegen Ihr Vorhaben einzuwenden (vor allem solange es schön unkonkret ist …) und gönnt Ihnen die paar Tage Entspannung.

Auch wenn es sehr nach Deal hin und Deal her klingt – Sie müssten natürlich im Gegenzug auch einverstanden sein, dass er mit seinen Kumpels angeln fährt oder zu einem Fußballspiel oder was Jungs eben so machen.

DAS MUTTERGEWISSEN RUFT

»Eine Woche Strandurlaub solo? Sollte ich nicht lieber Sandburgen auf dem Spielplatz bauen?«

Sie wollen diese Auszeit. Sie freuen sich wahnsinnig auf eine Woche ausschlafen, am Strand rumliegen, abends weggehen, sich in Ruhe unterhalten, NICHTS tun. Außerdem haben Sie Ihre beste Freundin schon viel zu lange vernachlässigt; jedes Gespräch wurde von Müdigkeitsattacken Ihrerseits oder Aufmerksamkeitsattacken seitens des Kindes sabotiert. Jetzt aber: Freiheit, ich komme!

Und dann, in den Tagen vor dem Abflug, geraten Sie in eine Schleife der Selbstkasteiung. Was für eine Schnapsidee! Das arme Kind! Es wird sich verlassen fühlen! Verraten! Seine Mutter liegt lieber in der Sonne anstatt sich zu kümmern! Und wenn dem Kind etwas zustößt! Wenn mir etwas zustößt! Wozu brauche ich denn überhaupt Entspannung? Ich egoistische Kuh!

Das wird schlimmer, bis das Flugzeug abhebt – und dann wird es sukzessive besser. Schließlich werden Sie froh sein, dass Sie geflogen sind. Denn man braucht auch mal neue Impulse, eine andere Umgebung – eine Auszeit eben. Und Ihr Kind muss ja deshalb nicht für eine Woche ins Heim; Ihr Mann kümmert sich schließlich genauso gut wie Sie um den kleinen Schatz, und wenn auch noch Oma da ist zum Verwöhnen, dann wird Ihr Kind sicherlich ebenfalls eine super Zeit haben!

FREMDE UND WIEDERGEFUNDENE WÖRTER

QUALITY TIME
[kwɔlət taim]

Früher war freie Zeit = Zeit ohne Arbeit. Jetzt ist Zeit ohne Arbeit erst mal = Zeit mit Kind, also unfreie Zeit. Deshalb gibt es den ausländischen Begriff »Quality Time«, in diesem Fall = Zeit ohne Arbeit und ohne Kind (oder mit schlafendem Kind abzüglich der Zeit für Hausarbeit). Diese Quality Time ist wahnsinnig wertvoll, weil äußerst selten. Sie setzt einen daher ungemein unter Druck, nun auch etwas wahnsinnig Qualitätvolles mit dieser Zeit anzustellen. Dahingehende Überlegungen sind oft so kompliziert, dass von der Quality Time nichts mehr übrig bleibt.

BABYPHONE
[be:bifo:n]

Technische Errungenschaft der Neuzeit. Soll den Eltern Gespräche und Fernsehen bei geschlossener Tür ermöglichen sowie sorglose Aufenthalte im anderen Stockwerk, bei den Nachbarn und auf dem Balkon/im Garten. Aber die wenigsten Mütter vertrauen diesen Geräten. Die Batterien könnten plötzlich leer sein, der Empfang gestört oder das Kind weint ganz leise. Also doch halbstündlich nachgucken. Dabei wird das Babyphone aktiviert, knackt superlaut im Nebenzimmer – und das Kind wacht auf.

AUSGEHEN
[ausge:n]

Früher ging man abends weg – entweder allein oder als Paar. Jetzt ist man zwar immer noch ein Paar, heißt aber Eltern und bleibt in dieser Funktion abends meistens zu Hause. Wenn man weg geht, heißt das ausgehen. Vielleicht um diese seltene Aktion zu adeln, um zu betonen, dass man wieder mal gemeinsam aus dem Haus geht – vielleicht aber auch, weil man seinem Kind nicht sagen möchte: »Wir gehen heute Abend weg.« Könnte Panik hervorrufen.

05 QUALITY TIME OHNE KIND

BÜCHER UND MEHR

Fürs Kind

Ein Traum für alle Eltern heißt »Ausschlafen!« – und genau darum geht es in dem Bilderbuch Nur noch zehn Minuten von Achim Bröger (Thienemann; ab 4). Es gibt viele Möglichkeiten, um die Eltern aus dem Bett zu kriegen: Verstärkung durch den kleinen Bruder und den Kater, ein Aufwecklied oder eine Wasserpistole. »Nur noch zehn Minuten!«, betteln die Eltern immer wieder. Natürlich vergeblich.

Für Supermom

Die Sache mit der Kinderbetreuung ist einfach wahnsinnig kompliziert und außerdem teuer. Aber in der Badewanne darf man ruhig mal träumen, dass man Geld ohne Ende hat und sich die beste Nanny der Welt leisten kann. Wie Jamie Whitfield in Mr. Nanny von Holly Peterson (Manhattan). Sie stellt den unglaublich attraktiven Peter als Nanny an. Eine Personalentscheidung mit Folgen …

Für die Quality Time

Hörbücher, die auch Männer faszinieren:
Der Schwarm von Frank Schätzing (der hörverlag), ein Ökothriller der Extraklasse und auch in der Hörspielfassung superspannend. Mit den zehn CDs können Sie gleich eine ganze Quality-Woche mit Ihrem Mann verbringen! Extrem amüsant ist die wieder aufgelegte Paul-Temple-Reihe von Francis Durbridge (Der Audio Verlag) – Kriminalhörspielklassiker aus den 50er Jahren, die heutzutage an vielen Stellen unfreiwillig komisch wirken und deshalb echten Kultcharakter haben.

BÜCHER UND MEHR

Spiele für Spielemuffel:
»Was'n das?« (Ravensburger) ist ein wirklich ungewöhnliches Kommunikationsspiel für 3–6 Spieler. Mit 20 Dingen (z. B. Ring, Banane, Schwein, Fahrkarte) muss man Begriffe darstellen (z. B. Parkplatz, Elfmeter, Vulkanausbruch). Klingt megakompliziert, ist aber tatsächlich einfach und unaufwendig zu spielen. Reichen Sie Wein und Käse dazu – der Abend wird garantiert ein Erfolg.
Ebenfalls ganz ohne strategische Überlegungen und seitenlange Spielanleitungen kommen folgende sogenannte Partyspiele aus: Tabu (Parker; ab 4 Spieler) – Begriffe müssen umschrieben werden; Activity (Piatnik; ab 4 Spieler) – Begriffe müssen umschrieben, gezeichnet oder dargestellt werden; und Outburst (Parker; ab 2 Spieler) – zu einem Stichwort müssen zehn Begriffe gefunden werden.
Das vielseitigste dieser Spiele ist Cranium (Jumbo; ab 4 Spieler). Hier muss man Begriffe kneten und pantomimisch darstellen, rückwärts buchstabieren, Melodien summen, mit geschlossenen Augen zeichnen, Stars imitieren und Wissensfragen beantworten. Bei allen Partyspielen gilt: Je mehr Mitspieler, desto lustiger der Abend – aber eine Party müssen Sie dafür trotzdem nicht schmeißen.

NOTIZEN

Notizen

NOTIZEN

Notizen

NOTIZEN

REGISTER

AUTORIN & ILLUSTRATORIN

Abb. Mahrenholtz & Parisi

01a. Die Autorin: Katharina Mahrenholtz, Hörfunkredakteurin und Autorin, nebenbei tätig als Topmanagerin eines 4-Personen-Haushalts, Sherpa (s. o.) und Diplomatin (s. u.)
01b. Charlotte: Schülerin, nebenbei tätig als Hobby-Rhetorikerin: »Warum erlaubst du kein Kaugummi? Das ist mit Kalzium, und Kalzium ist gesund. Außerdem hast du selbst geschrieben, dass man nicht immer NEIN sagen soll.« (vgl. S. 51 f.)
01c. Mathilda: Kleinkind, nebenbei tätig als Nachwuchs-Stuntfrau mit den Spezialgebieten Felsenspringen (»Darunter? Hopp!«), Laufrad-Verfolgungsjagden (»Ganz doll!«) und Auf-den-Boden-werfen (»Doch Keeeeks!«).

02. Die Illustratorin: Dawn Parisi, hauptberuflich frei und Illustratorin, fahrend und fliegend tätig für Design-Agenturen, Verlage und Filmproduktionen, nebenbei international unterwegs als FBA (freizeitbeauftragte) in eigener Sache.
Zusätzlich höchst verantwortungsvoller Posten als ESA (Executive Super Aunt): »Kann ich nicht bei dir/mit dir/von dir…? Mami ist immer soooooo…!!«